Guía Rápida de SAP Fiori

Por Gupton Brazile

Todos los derechos reservados. Ninguna parte de este libro se puede reproducir, almacenar en sistema alguno de recuperación, o transmitir en ninguna forma, o por ningún medio electrónico, mecánico, fotocopia, grabación o cualquier otro, sin la autorización escrita del editor.

© Gupton Brazile
email: Gupton.brazile@hotmail.com
REGISTRO SAFECREATIVE: 2209081959582
ISBN: 978-1-387-62298-6

9 781387 622986

Proverbios 2:6

"Porque Jehová da la sabiduría. Y de su boca viene el conocimiento y la inteligencia."

Agradecimientos

A Jehová mi Dios, de quien soy y a quien sirvo. Que todo lo puede, y en quien todo lo puedo. Todo el conocimiento y la sabiduría vienen de Él.

A mi esposa Josefina, quien sin saberlo, es fuente de inspiración para todo lo que hago.

A mis hijos, que son mi motor para esforzarme cada día.

A mi compañero Miguel Guerra, que tuvo la paciencia de ayudarme a entender varios temas de este libro.

CONTENIDO

Prefacio

El objetivo principal de este documento es entender el proceso para implementar una aplicación de SAP Fiori estándar en el servidor del cliente. Para esto, es necesario conocer la arquitectura de los servidores, el nivel de parches en que se encuentra el servidor del cliente, la app que se desea implementar, navegar en las librerías de SAP Fiori, saber interpretar la documentación técnica y la movilidad que el cliente espera de la aplicación y finalmente hacer que solo aparezca dicha app entre las opciones posibles del dispositivo del usuario final.

Todo esto puede parecer muy complicado (y de hecho, lo es), pero cuando entendemos en qué consiste la tecnología, y aprendemos una manera metódica de hacer las cosas paso a paso, ya no parece tan difícil.

Algo que he observado en mis múltiples proyectos como consultor de SAP, es que muchas veces, cuando se tienen que realizar ciertas tareas, los consultores se echan la bolita respecto de a quién corresponde hacer una u otra: que si al equipo BASIS, que si al desarrollador ABAP, que si al funcional del módulo, y esto le resta claridad al trabajo en equipo. Yo creo que, si uno se aplica lo suficiente y no tiene miedo de aprender, puede hacer cualquiera de estas partes -claro, siempre preguntando primero cuáles son las políticas del cliente donde vamos a trabajar-, ya que muchas veces el mismo cliente no permite que un funcional toque la configuración del sistema, y solo indica que eso lo debe hacer el equipo de BASIS, o si hay que crear algún objeto del diccionario, lo asignan al desarrollador de ABAP. Sin embargo, esta guía está hecha para que cualquiera que sea tu rol, entienda usted querido lector, lo que debe hacerse, ya sea que lo dejen realizarlo por su cuenta, o indicarle a alguien más del equipo lo que tiene que hacerse. Dicho esto, espero que disfruten este libro y que les sea de gran utilidad en sus carreras como consultores de SAP.

Gupton Brazile

Capítulo 1
Introducción

1.1 ¿Qué es SAP Fiori?

Sap Fiori es una colección de aplicaciones con una simple y fácil experiencia de usuario (UX – User Experience).

Provee de todos los programas al usuario para poder trabajar con aplicaciones, crear documentos transaccionales o evaluar indicadores como KPIs (Key Performance Indicators).

SAP provee más de 300 roles para que cada usuario tenga sus aplicaciones dependiendo de los diferentes módulos y submódulos, y al día de hoy, cuenta con más de 14,000 aplicaciones de Fiori para las distintas plataformas de SAP.

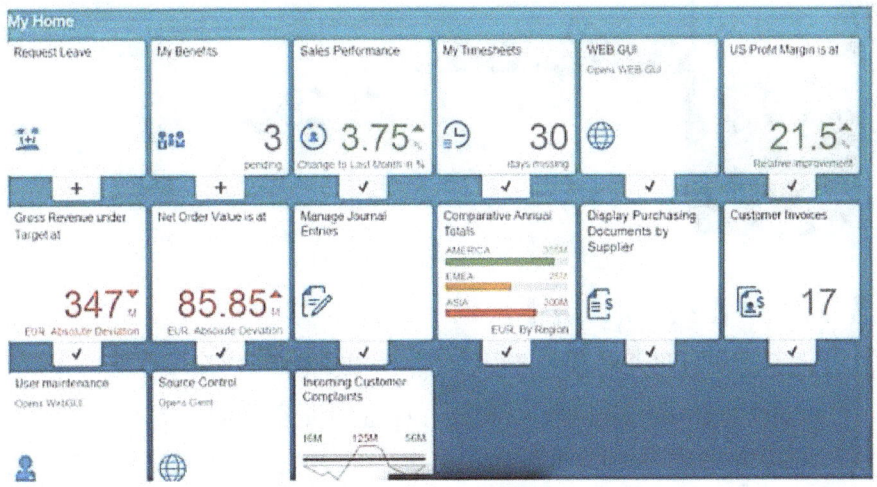

1.2 Principios de Fiori

Fiori está basado en los siguientes principios:

1. Basado en roles: a diferencia de las transacciones SAP estándar, que pueden tener varias vistas para distintos usuarios, las apps de Fiori se enfocan en lo que le corresponde a determinado usuario.

2. Adaptabilidad: se adapta al navegador y al sistema o dispositivo que lo esté usando (PC, Tablet, smartphone).
3. Simple 1-1-3: SAP busca que las aplicaciones Fiori tengan 1 escenario, 1 usuario, y máximo 3 pantallas.
4. Coherente: la función y la aplicación se desarrollan en paralelo, dando congruencia y coherencia a los datos que se manejan en la app.
5. Buena experiencia de usuario / Valor agregado: fácil, adaptable, móvil (cuando sea posible) para proporcionar una experiencia agradable e igual en todos los dispositivos.

1.3 Tipos de App en Fiori

Los tipos de aplicaciones que se pueden manejar en SAP Fiori son 3:

1. **App Transaccionales**: permiten crear documentos transaccionales o datos maestros: crear un pedido de compra, un pedido de venta, etc., similar a las transacciones que se tienen en el SAP GUI, dando como resultado un número de documento creado.
2. **App Analíticas**: aplicaciones que ayudan a generar análisis con información que ya se encuentra en el sistema. Ejemplos de estas son reportes de ventas: ¿cuánto vendí en el mes anterior, o en el trimestre anterior?

3. **App Fact Sheet**: aplicaciones de vistas 360°. Por ejemplo, en el caso de un artículo, permiten ver sus datos de información general, además de las ventas por periodos de tiempo, la fotografía del artículo, en canal se está vendiendo más, etc. Son una combinación de la parte transaccional con la analítica.

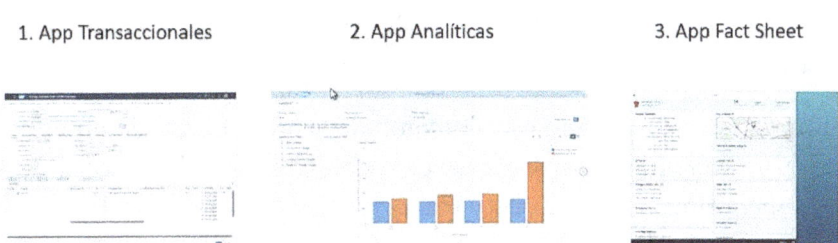

1.4 Arquitectura

Es importante conocer la arquitectura de los servidores, para saber cómo funcionan las aplicaciones Fiori. En la capa superior tenemos lo que es el Desktop & Mobile Web Browser (con HTML5). Esta capa permite que se consuman los servicios de Fiori. Estas se comunican con la capa del Gateway, que es donde se hacen las peticiones al SAP Business Suite y donde se encuentra nuestro ERP ECC, HANA Business Suite, S4/HANA, y debajo de esta se encuentra la base de datos.

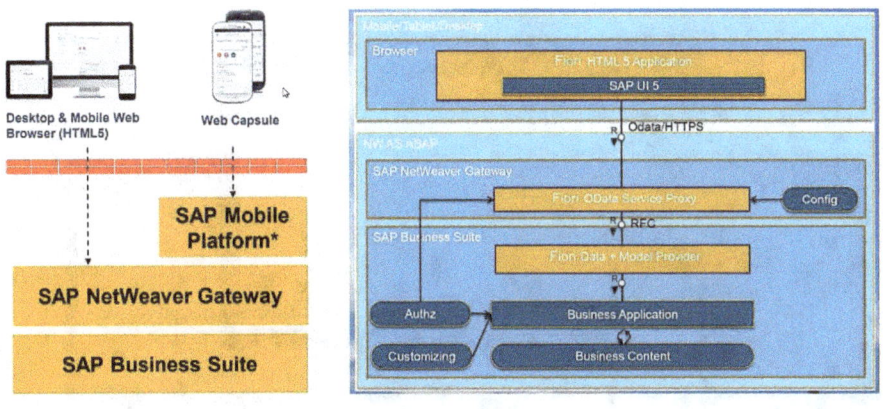

Fiori puede instalarse de dos maneras:

La primera, es tener un Front-End y un Back-End, es decir, dos servidores independientes, donde el Front-End (SAP NetWeaver Gateway) es el que toma las peticiones y se comunica con el Back-End (SAP Business Suite), este último es el que se comunica con la base de datos.

La segunda manera es cuando se dice que está incorporado o incrustado (Embedded), es decir solo hay una capa, y las peticiones van directamente desde el browser a la capa aplicativa, que en las últimas versiones se refiere al S4/HANA. Es decir, nos saltamos la parte del Front-End.

Es importante saber cómo está configurada la arquitectura de nuestro Fiori, para cuando se tenga que hacer la configuración. Debido al precio de los servidores, en muchas compañías se usa el modelo de Fiori incorporado (Embedded).

1.5 Equipos y navegador soportados

Computadoras y Tabletas

- Microsoft Windows 7/8
- Internet Explorer 9 o superior / Google Chrome

Smartphones

- Apple IOS 6 o superior / Iphone 4 o superior / iPad 2 o superior
- Safari

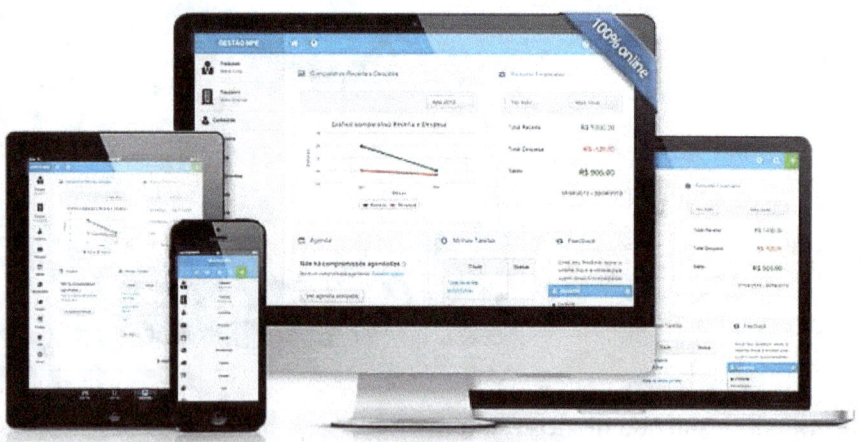

Capítulo 2
Configuración de Fiori – Parte Técnica

2.1 Validando componentes Add-Ons

Para saber si las aplicaciones estándar de Fiori van a poder correr en nuestro sistema SAP, es necesario buscar que ciertos componentes estén instalados en el servidor de SAP. Para hacer esto, corremos la transacción SAINT, y dependiendo de la versión de nuestro SAP Netwaver, debemos buscar los siguientes componentes.

SAP Netweaver menor a 7.4:

- GW_CORE
- IW_BEP
- IW_FND

SAP Netweaver mayor o igual a 7.4:

- SAP_GWFND

En caso de que no se encuentren instalados, es necesario pedir al equipo de BASIS que se implementen de acuerdo a la versión correspondiente, a fin de poder instalar las Apps de Fiori.

SAP Netweaver < 7.4

GW_CORE
IW_BEP
IW_FND

SAP Netweaver => 7.4

SAP_GWFND

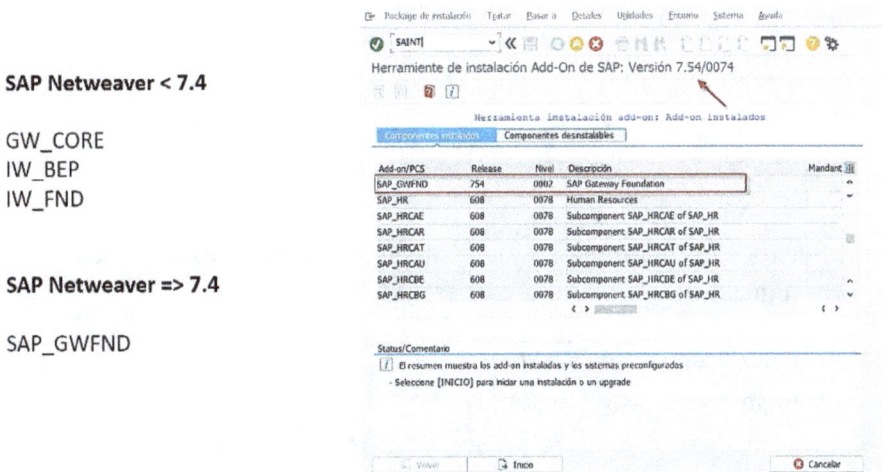

SAP Netweaver 7.31 (no tiene los componentes para Fiori. Hay que instalarlos)

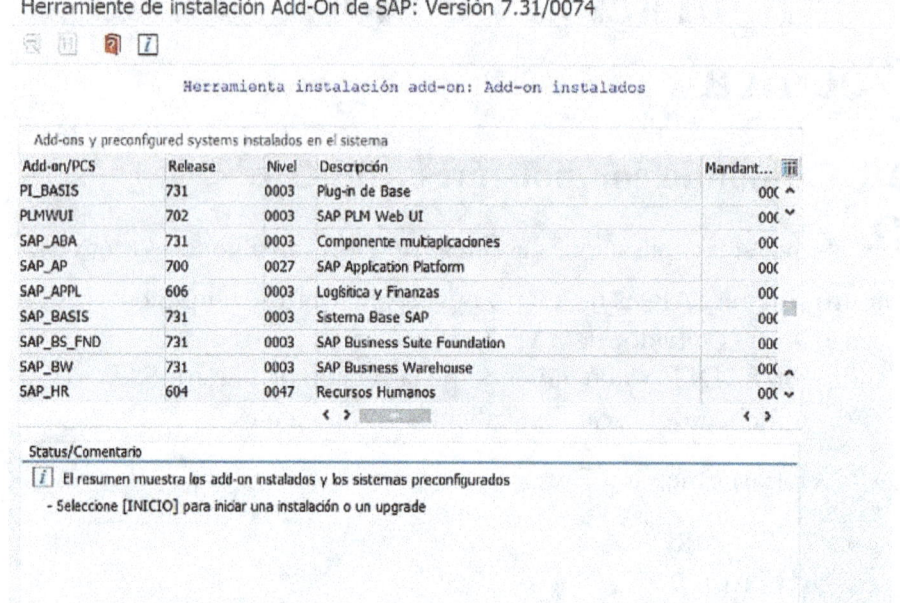

2.2 Validar parámetro de perfil

El siguiente paso es validar que se tengan los parámetros de perfil para trabajar con Fiori. Para esto, corremos la transacción **RZ11**, mostrándonos una pantalla como la siguiente:

Introducimos los parámetros que aparecen a continuación, con los valores indicados:

- login/accept_sso2_ticket = 1
- login/create_sso2_ticket = 2

Abajo se muestra el valor que tiene cada uno. En caso de que no estén así, solicitar al equipo de BASIS que los configure de esta forma, ya que después de actualizarlos hay que reiniciar el servidor para que tomen efecto.

Parámetros

login/accept_sso2_ticket = 1

login/create_sso2_ticket = 2

Metadatos para el parámetro login/create_sso2_ticket

Descripción	Valor
Nom.	login/create_sso2_ticket
Tipo	Intervalo de números enteros
Otros criterios selección	Intervalo [0,3]
Unidad	
Grupo de parámetros	Login
Descripción de parámetro	Create SSO tickets on this system
Componente CSN	BC-SEC-LGN
Parámetro en todo el sistema	No
Parámetro dinámico	Sí
Parámetro vectorial	No
Contiene subparámetros	No
Existe la función de control	No
Valores del parámetro de perfil login/create_sso2_ticket	
Nivel de desglose	Valor
Estándar de núcleo	3
Perfil por defecto	2
Perfil instancia	2
Valor actual	2

Origen del valor actual: Perfil instancia

2.3 Activando SAP Netweaver Gateway

El siguiente paso es activar el SAP Netweaver Gateway, para poder activar los ODATA y sus servicios. En SAP Fiori, cada aplicación se muestra como un mosaico o "Tile". Estos "Tiles", tienen asociados un servicio, que se activa con los ODATA.

Para poder activar el SAP Netweaver Gateway, vamos a la transacción **SPRO** en la ruta que se muestra en las figuras de abajo, y lo activamos.

SPRO→SAP Netweaver→SAP Gateway→OData
Channel→Configuration→Activate or Deactivate SAP
Gateway→Activate

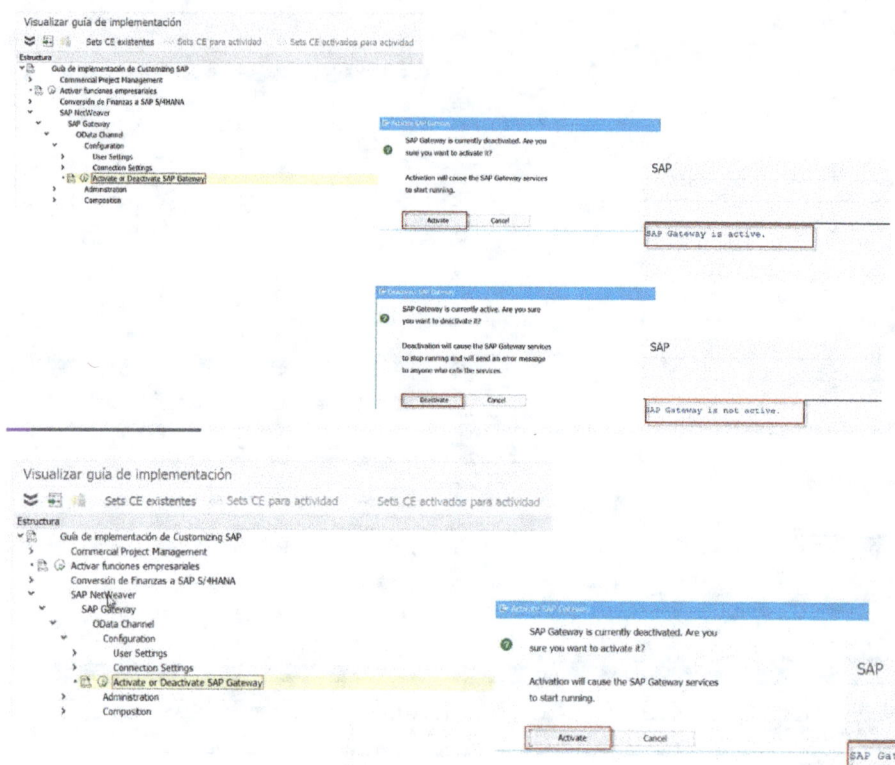

Al activarlo, hacemos que sea posible la comunicación entre las Fioris y el SAP ECC - S/4 HANA. Si se desactiva, ninguna Fiori funcionaría porque no habría comunicación entre el Front-End y el Back-End. En el caso de que ya esté activado, saldría la imagen de abajo para Desactivarlo (Deactivate). Si no está activado, entonces aparecería la opción de Activate.

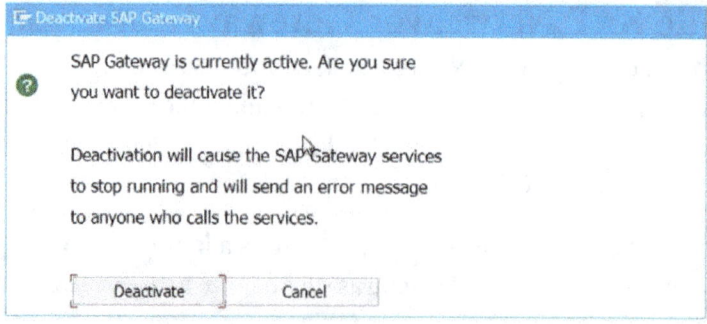

2.4 Creando un RFC

En el caso en el que la instalación no sea Incorporada (Embedded), es decir, que se tenga un Front-End separado del Back-End, es necesario crear un RFC para conectarlos. Para hacer esto, vamos a necesitar la transacción **SM59**. En el Back-End necesitamos hacer un RFC que apunte al Front-End, y en el Front-End necesitamos hacer un RFC que apunte al Back-End.

Para hacer esto, en la SM59 se le da clic en el ícono de la hoja en blanco de Nuevo, y en el destino colocamos una etiqueta para nuestro sistema, y en el Tipo de conexión escogemos el tipo 3 (Conexiones ABAP), como se muestra abajo en la figura.

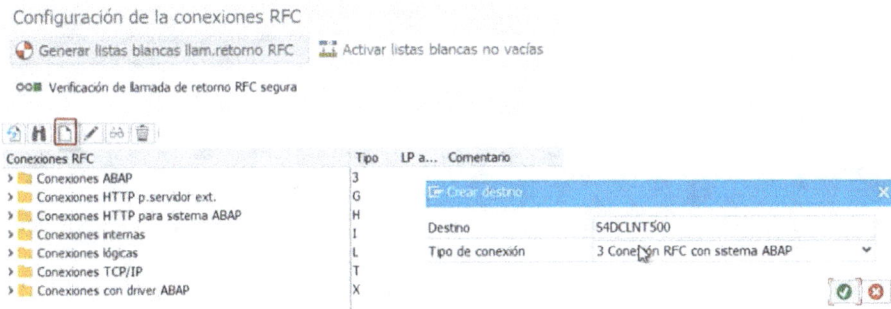

En el Destino, ponemos por convención el ID (S4D para nuestro caso), seguido de CLNT para indicar el mandante, y luego nuestro número de mandante (500 para nuestro ejemplo). Para ver el mandante, podemos ir a la parte baja de la pantalla en SAP en el ícono que se muestra en la figura, y ahí nos va a decir en qué mandante estamos y el nombre del sistema (para este caso, **S4D** y mandante **300**). En tipo de conexión, seleccionamos el tipo 3 Conexión RFC con sistema ABAP, como se muestra en la figura de arriba.

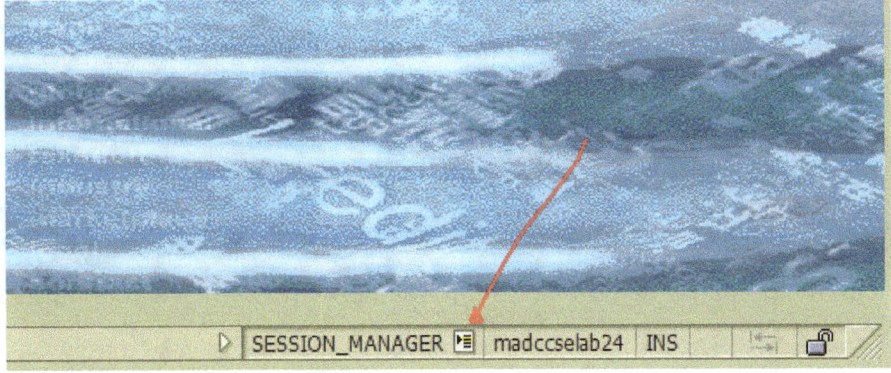

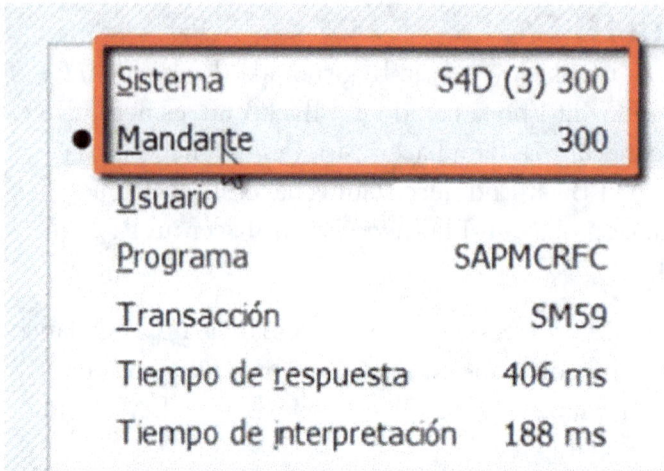

Sistema	S4D (3) 300
● Mandante	300
Usuario	
Programa	SAPMCRFC
Transacción	SM59
Tiempo de respuesta	406 ms
Tiempo de interpretación	188 ms

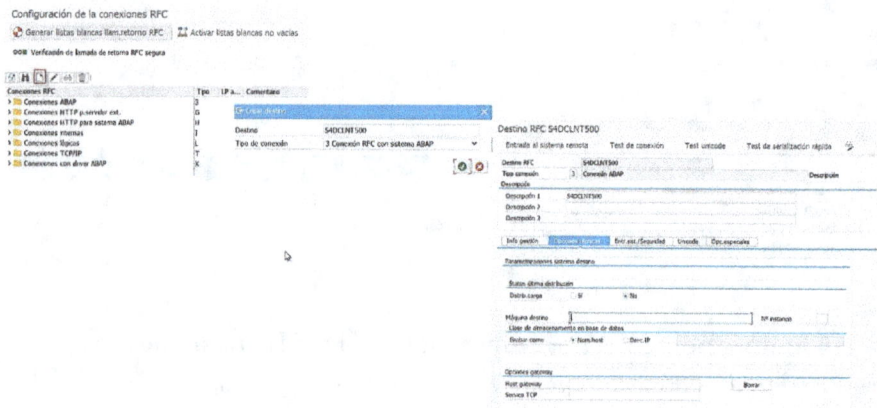

Una vez hecho esto, resta poner la Descripción 1. Podemos poner lo mismo que en Destino RFC, S4DCLNT500, y en Máquina de destino, ponemos el nombre de nuestro servidor (**madccselab24**), que también encontramos en la parte baja de nuestro GUI, como se muestra en la figura.

Ahora en la pestaña de Entr. sist./Seguridad llenamos el idioma (ES), el mandante (500) y hacemos clic en Usuario actual. También es importante que seleccionemos la opción de Relación de confianza (sí), tal como se ve en los puntos 1, 2, 3 y 4 de la figura de abajo.

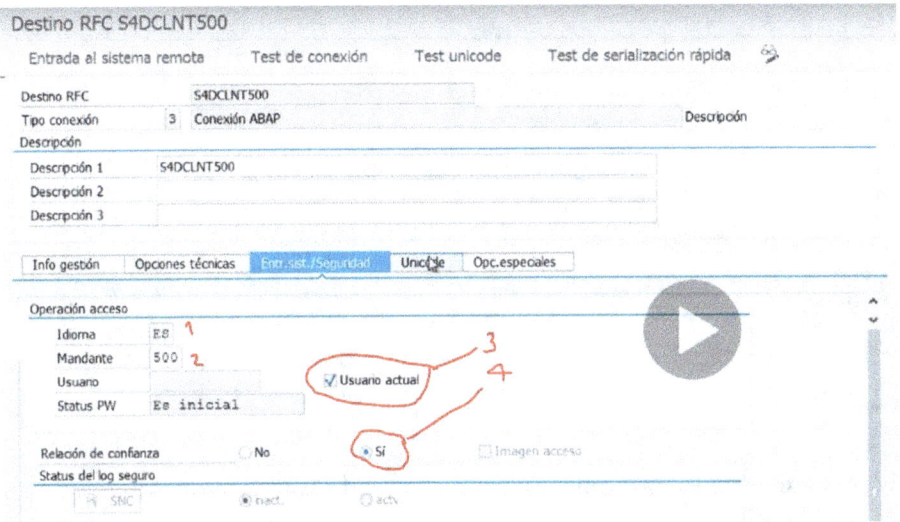

Después, en la pestaña de Unicode (1), seleccionamos la opción de Unicode (2) en la Clase de comunicación con el sistema de destino, hacemos clic en la pestaña de aceptación (3) y guardamos (4).

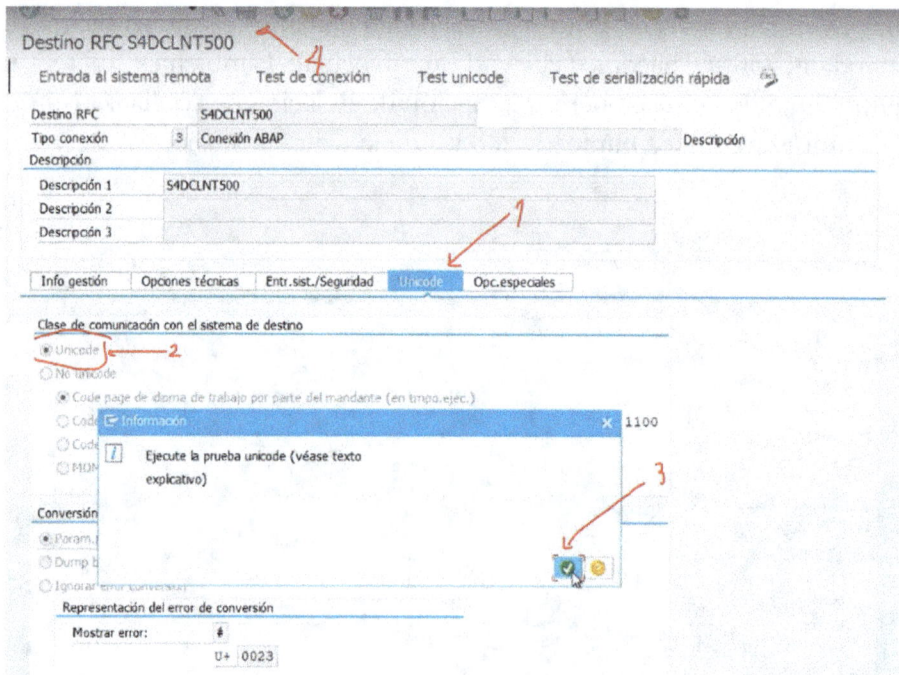

Una vez guardado, podemos hacer clic en el botón Test de conexión para verificar que quedó todo dado de alta correctamente.

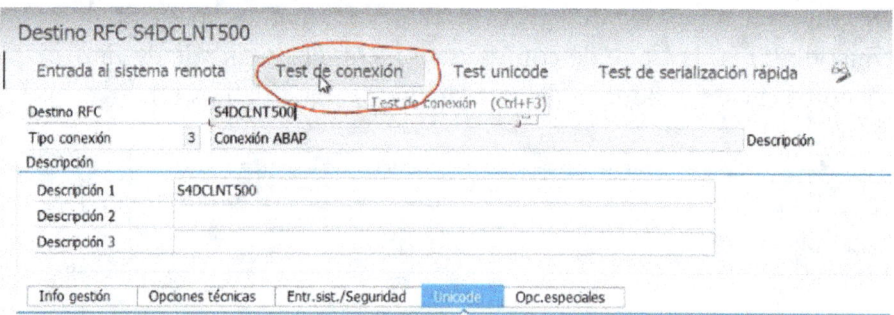

Si al dar clic en el botón sale la siguiente pantalla, es que todo quedó bien configurado.

R F C - Prueba conexión

Test conexión S4DCLNT500
Tipo conexión Conexión SAP

Acción	Resul.
EntrSist.	10 mseg
Transferencia 0 Kbytes	1 mseg
Transferencia 10 Kbytes	1 mseg
Transferencia 20 Kbytes	1 mseg
Transferencia 30 Kbytes	1 mseg

2.5 Creando el Alias del Sistema

El siguiente paso es crear el Alias del sistema. Este sirve para que cuando una aplicación hace un llamado a un OData, este hace referencia a un System Alias (alias del sistema). Este se encarga de redirigir el sistema hacia donde va la petición, que cuando está incorporado, es el mismo sistema. Quizás aquí no es algo que se vea tan claro. En sistemas no incorporados, es el Front-End al que le llega la petición, y se encarga de redirigir la petición hacia el Back-End que corresponda, ya que por balanceo de cargas, es posible que se tengan varios Back-Ends. Para hacer esto, entramos a nuestra transacción de configuración del sistema como sigue:

SPRO→SAP Netweaver→SAP Gateway→OData Channel→Configuration→Connection Settings→SAP Gateway to SAP System→Manage SAP System Aliases

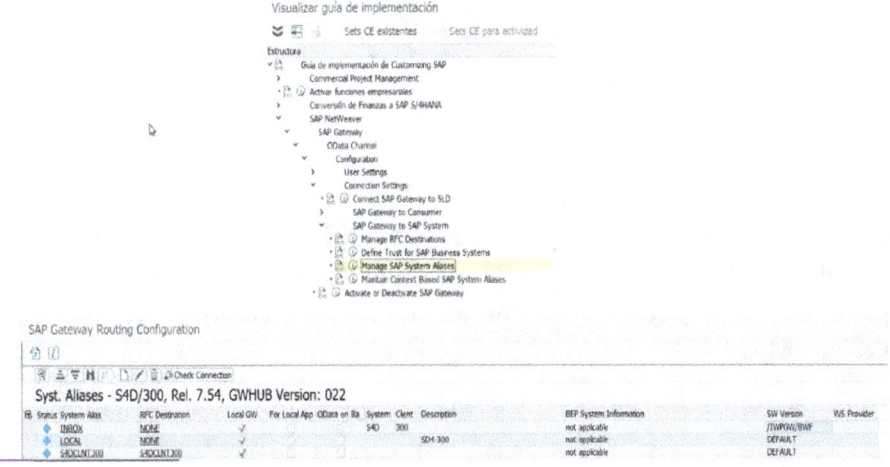

En esta opción, debemos crear las siguientes tres entradas: INBOX, LOCAL y SD4CLNT300 (esta última, la que aplique para nuestro servidor).

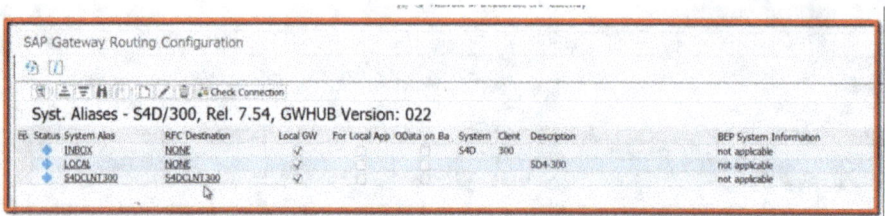

Así que vamos a la opción, y empezamos creando el System Alias LOCAL.

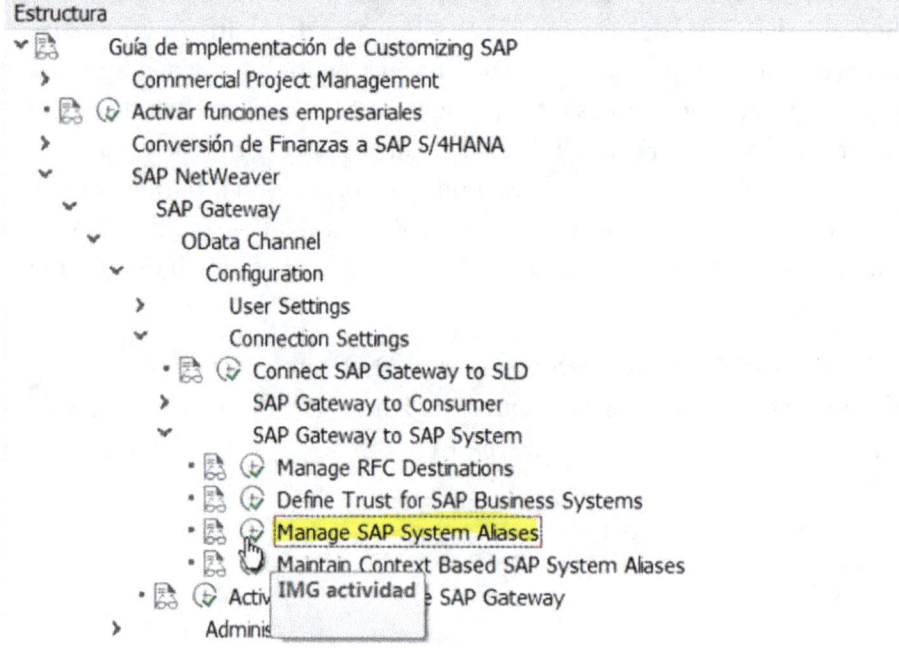

Para el System Alias Local, colocamos LOCAL en System Alias, NONE en RFC destination porque no se necesita un RFC para comunicar un servidor local, hacemos clic en la opción de Local Gateway, y podemos poner cualquier cosa en Description, en este caso, pusimos Local System Alias.

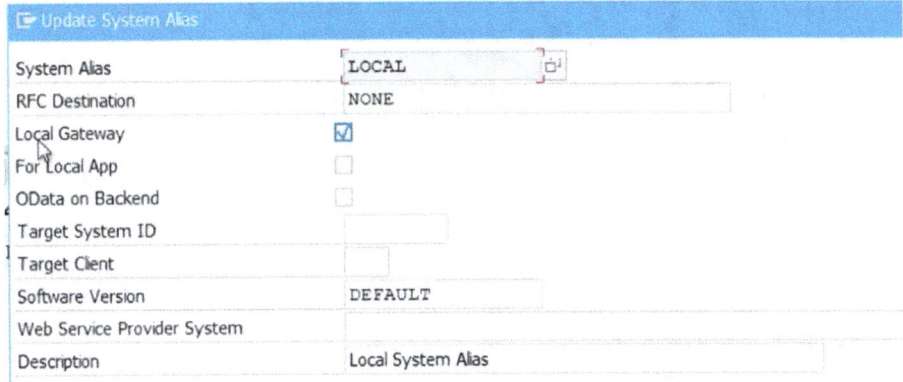

Le damos clic en Ok y guardamos. Ahora damos de alta el siguiente System Alias, el INBOX, de la siguiente manera:

System Alias: INBOX
RFC Destination: NONE
Local Gateway: X
Target System ID: S4D (o el que corresponda a nuestro servidor)
Target client: 100 (o el que corresponda a nuestro servidor)
Software versión: /IWPGW/BWF
Description: INBOX

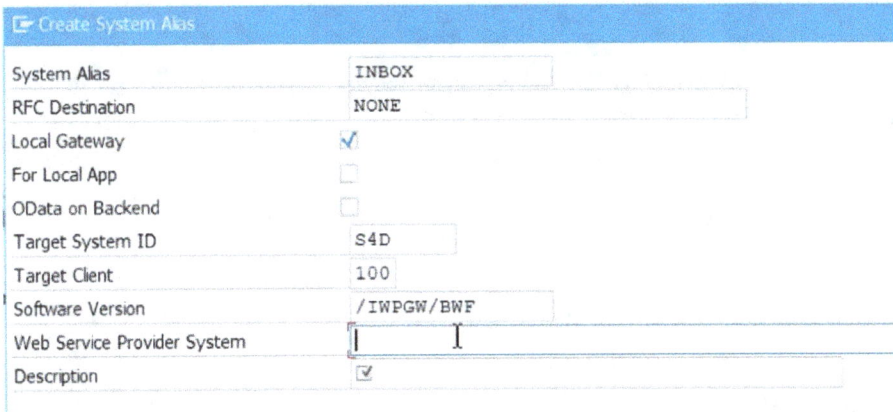

Creamos ahora el último, el del RFC que creamos en el punto anterior, llenando con los siguientes datos, de acuerdo al mandante en el que estemos:

System Alias: S4DCLIENT100 (o 500 como fue nuestro caso en el punto anterior)
RFC Destination: S4DCLIENT100 (debe ser el mismo que en System Alias)

Local Gateway: X

Software Version: DEFAULT

Description: S4DCLIENT100 (se le puede poner lo mismo que en System Alias)

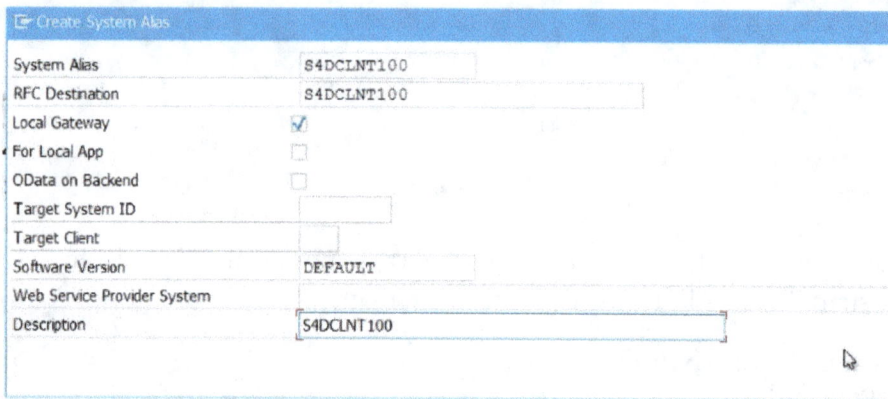

Con esto, ya tenemos los tres System Alias que necesitamos para que funcione nuestro Fiori.

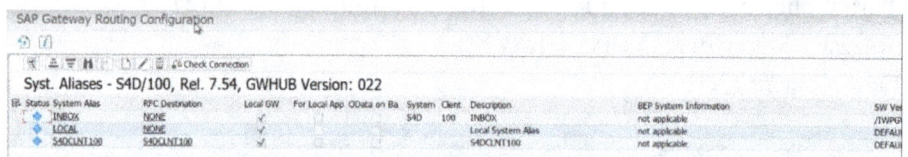

Aunque esto normalmente lo hace la persona responsable de BASIS, si ya lo sabes hacer, y dependiendo de cómo estén los equipos y permisos en el cliente con el que trabajes, ya lo puedes hacer tú mismo al seguir esta guía, siempre que te den los permisos para ejecutar las transacciones aquí mencionadas, y por supuesto, con la supervisión del equipo de BASIS.

2.6 Registrando los OData Básicos

En esta sección vamos a aprender a dar de alta los servicios OData que necesitamos para echar a andar la funcionalidad de nuestras Apps. Sin estos servicios activos, aunque podamos ver nuestra aplicación en la web, nuestra app no funcionaría.

Existen dos maneras de saber cuáles son los servicios que necesitamos para que funcione nuestra aplicación estándar de Fiori:

1. Entrar al SAP Fiori library para buscar los servicios de determinada aplicación. Aquí encontraremos tanto el servicio como el rol que se necesita activar para determinada aplicación, y se puede buscar por módulo.

Lo primero que necesitamos, es activar estos servicios para garantizar que cualquier aplicación de Fiori que queramos activar específicamente, funcionará. Para este efecto, usamos la siguiente transacción:

/IWFND/MAINT_SERVICE

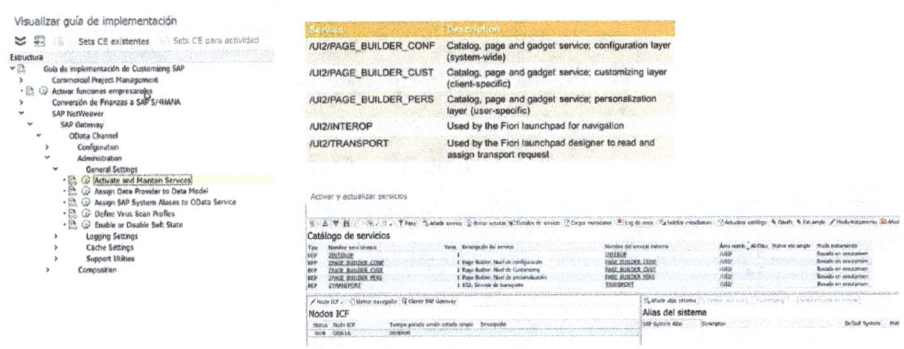

O podemos entrar por la SPRO en:

SPRO→SAP Netweaver→SAP Gateway→ODATA→Administration→General Settings→Activate and Maintain Services.

Estructura
☐ ⌄🔖 Guía de implementación de Customizing SAP
☐ 　🔖 🕒 Activar funciones empresariales
☐ 　⌄ 　SAP NetWeaver
☐ 　　⌄ 　　SAP Gateway
☐ 　　　⌄ 　　　OData Channel
☐ 　　　　＞ 　　　　Configuration
☐ 　　　　⌄ 　　　　Administration
☐ 　　　　　⌄ 　　　　　General Settings
☐ 　　　　　　🔖 🕒 Activate and Maintain Services
☐ 　　　　　　🔖 🕒 Assign Data Provider to Data Model
☐ 　　　　　　🔖 🕒 Assign SAP System Aliases to OData Service
☐ 　　　　　　🔖 🕒 Define Virus Scan Profiles
☐ 　　　　　　🔖 🕒 Enable or Disable Soft State
☐ 　　　　　＞ 　　　　　General Settings for OData V4
☐ 　　　　　＞ 　　　　　Logging Settings

Una vez aquí, los cinco ODATA principales que necesitamos dar de alta, son los que aparecen en la figura a continuación:

Service	Description
/UI2/PAGE_BUILDER_CONF	Catalog, page and gadget service; configuration layer (system-wide)
/UI2/PAGE_BUILDER_CUST	Catalog, page and gadget service; customizing layer (client-specific)
/UI2/PAGE_BUILDER_PERS	Catalog, page and gadget service; personalization layer (user-specific)
/UI2/INTEROP	Used by the Fiori launchpad for navigation
/UI2/TRANSPORT	Used by the Fiori launchpad designer to read and assign transport request

Los primeros tres, nos sirven para lo que es el manejo de Catálogos, páginas y servicios varios, el primero en la capa de configuración a lo ancho del sistema, el segundo en la capa de customizing específico del cliente, y el tercero en la capa de personalización (específico de usuario). ¿Qué quiere decir esto? Digamos por ejemplo, que tenemos un ALV que nos muestra 5 columnas, pero nosotros solo queremos visualizar 3. Existe un botón similar a un engrane en el que podemos nosotros configurar (Personalizar), de tal manera que solo mi usuario pueda ver esas 3 columnas, en vez de todas. Este ODATA es el que tiene la configuración para que podamos realizar esto. En cambio, otro usuario al ver el mismo ALV, sí verá las 5 columnas.

El siguiente ODATA es el CUST, que es cuando un funcional hace un ajuste a esa App para que en todo el mandante se aplique esa configuración. El anterior, es una configuración a nivel usuario, pero este es a nivel mandante. Por ejemplo, que en una transacción se quiera ocultar un campo para que nadie lo vea al ejecutar la aplicación. El siguiente ya es el de CONF, de configuración. Estos cambios aplican para todos los usuarios y en todos los mandantes.

Estos son los tres niveles de enhancement que existen, a nivel de persona o usuario, a nivel de mandante, y a nivel de sistema.

Los otros dos ODatas, son el de INTEROP, que nos ayuda en la navegación del launchpad, y el de TRANSPORT, que permite que al hacer algunas parametrizaciones se generen órdenes de transporte para controlar los cambios entre mandantes.

Abajo aparece cómo se ven nuestros ODatas cuando ya están activos (se puede observar en la ventana que dice Nodos ICF que el estatus del Nodo ICF está en verde, indicando que ya se activó). Podemos ver en la ventana de Catálogo de servicios, cómo en el Nombre serv.técnico aparece nuestro OData pero que empieza con una Z, y en la columna Nombre del servicio externo, aparece el nombre original de nuestro OData, y vemos cómo en Área de nombres, tenemos /UI2/ que en realidad es como concatena el nombre de nuestro OData como lo pusimos arriba en el Servicio.

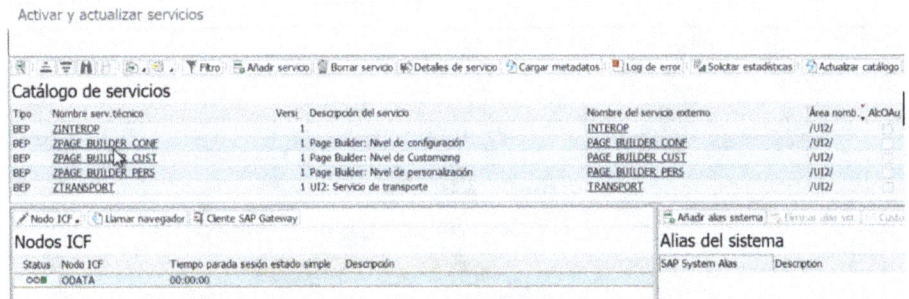

Prestemos atención para la creación de estos ODatas básicos o principales, ya que cuando necesitemos echar a andar nuestras aplicaciones de cada módulo, se hará de la misma manera en la que vamos a crear estos cinco.

2.6.1 Pasos para la configuración de ODATA

1. El primer paso es ejecutar la transacción **/IWFND/MAINT_SERVICE**. Sin embargo, si la escribimos directamente en el campo de comandos de SAP, nos va a mandar un error.

   Para evitar esto, agregamos /n seguido del comando, para tener /n/IWFND/MAINT_SERVICE y ejecutamos.

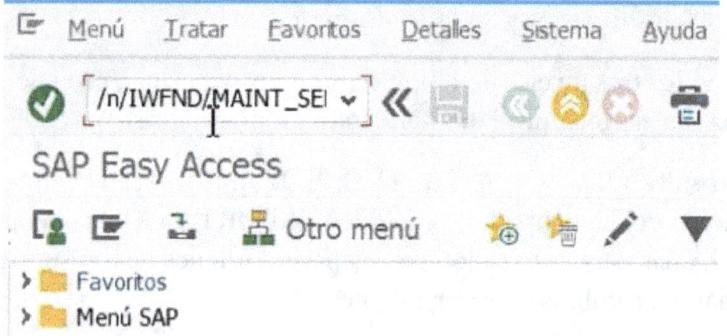

La otra manera, es usando la SPRO en la ruta que habíamos mencionado previamente (SPRO→SAP Netweaver→SAP Gateway→ODATA→Administration→General Settings→Activate and Maintain Services).

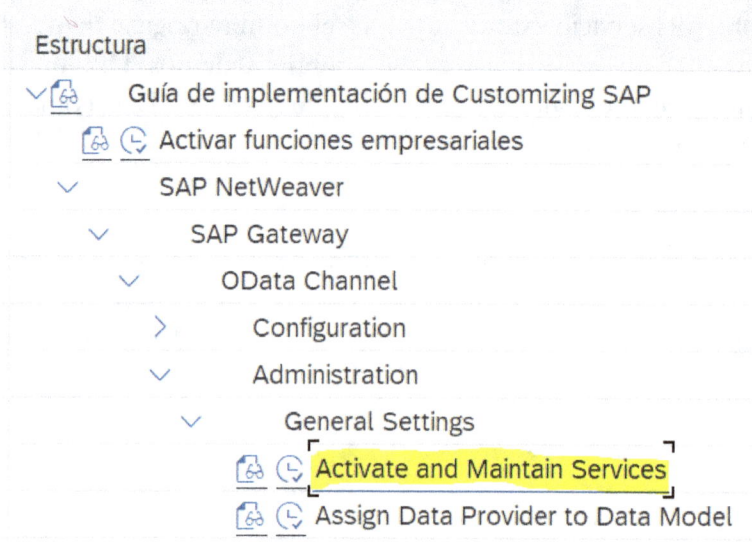

Como aquí ya habíamos hecho los OData de casi todos, borramos el de transportes y lo volvimos a crear, para ponerlo de ejemplo, ya que los otros se crearían exactamente igual.

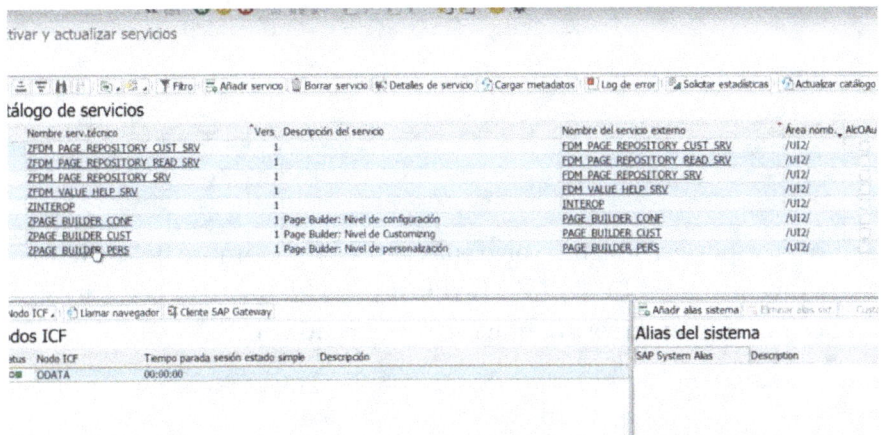

Ahora supongamos que necesitamos agregar una App para crear pedidos en el módulo de SD. Aunque eso lo veremos más adelante, si suponemos que ya descubrimos en la SAP Fiori Library el nombre de nuestro OData para dicha aplicación, supongamos que es la de TRANSPORTES, pues entonces seguimos los siguientes pasos.

2. Hacemos clic en el botón Añadir servicio.

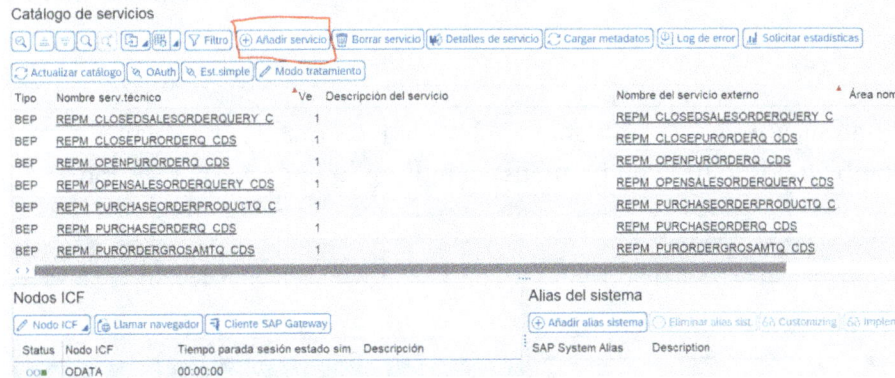

En Alias del sistema escribimos LOCAL, y en Nombre serv.técnico escribimos /UI2/TRANSPORT, y presionamos ENTER. Veremos como a continuación nos aparece el Nombre del servicio técnico.

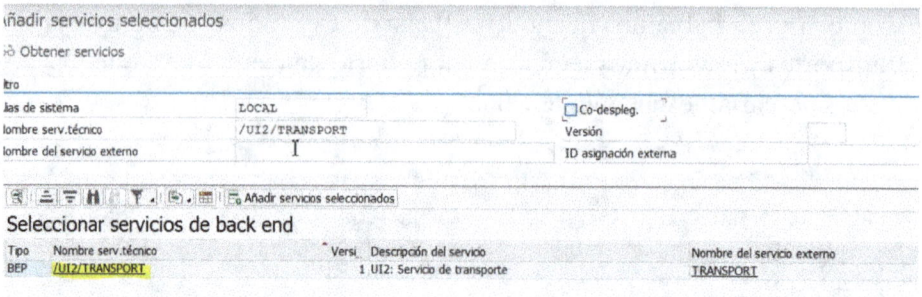

Digamos que por error agrego algo más al final del nombre del servicio técnico, digamos un 2 (/UI2/TRANSPORT2) y le doy ENTER. En ese caso, nos enviaría un error, ya que ese servicio no existe.

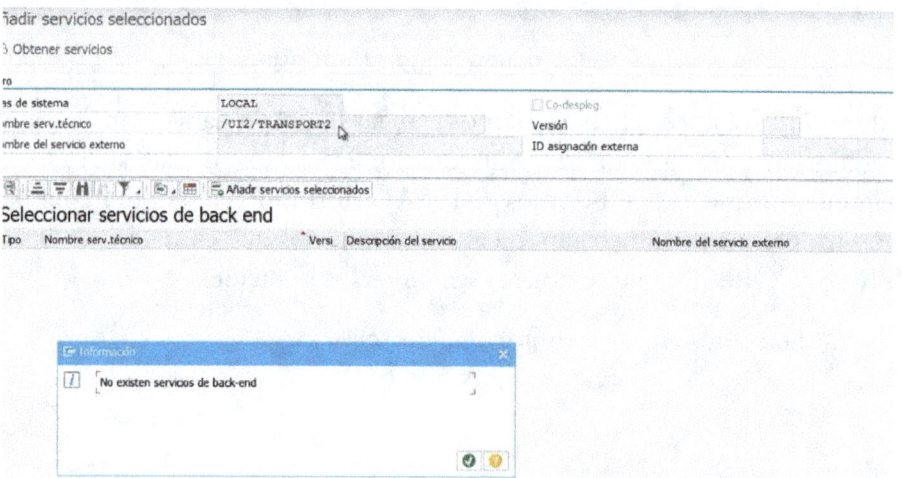

Si por ejemplo, escribo alguno de los servicios que ya están activos, también nos lo diría en un mensaje, indicando que ya está registrado.

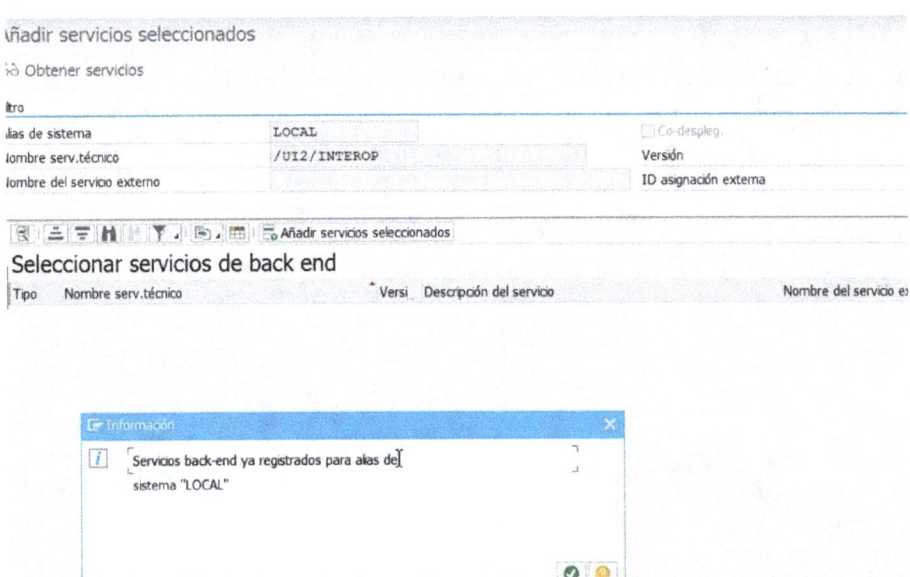

Recordemos que cada servicio está relacionado con el Alias que creamos anteriormente. Si hacemos clic en el matchcode del Alias, vemos que nos aparecen el INBOX, LOCAL y el S4DCLNT300 que creamos previamente. Con esto vemos que un servicio está atado a un Alias.

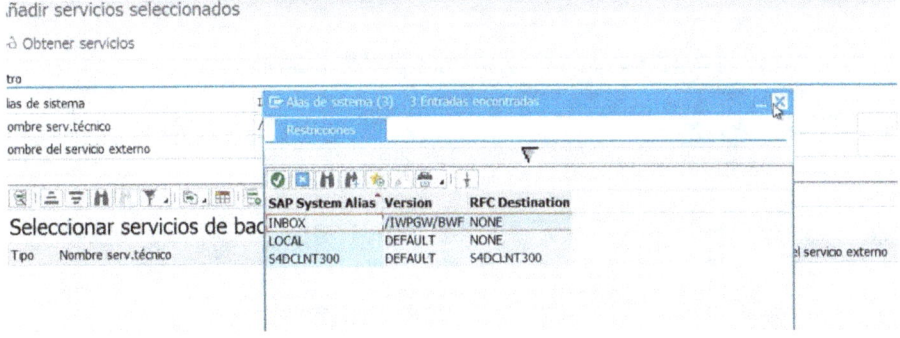

3. Para continuar, seleccionamos ya el servicio de TRANSPORT que queremos activar, y hacemos clic en el botón Añadir servicios seleccionados.

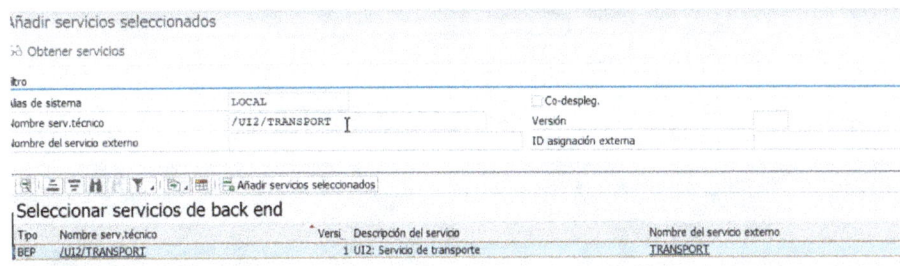

Por lo general, se recomienda agregar una Z al principio (ZTRANSPORT). Nos dice la versión del servicio, su Descripción, el Nombre del servicio externo, el Área de nombres (/UI2/), nos propone el nombre del modelo técnico (no movemos nada, lo dejamos tal cual), y solo en la asignación de paquete, escogemos nuestro paquete en donde vamos a dejar la orden, en este caso, Z001, que es nuestro paquete de desarrollo, pero puede variar con cada cliente depende del paquete les asignen.

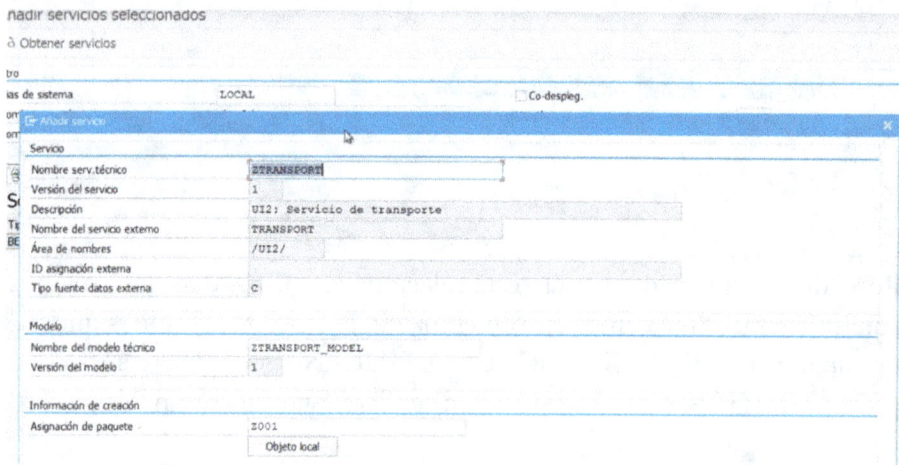

4. Aquí ya le doy en Ok, y me va a pedir una orden de transporte.

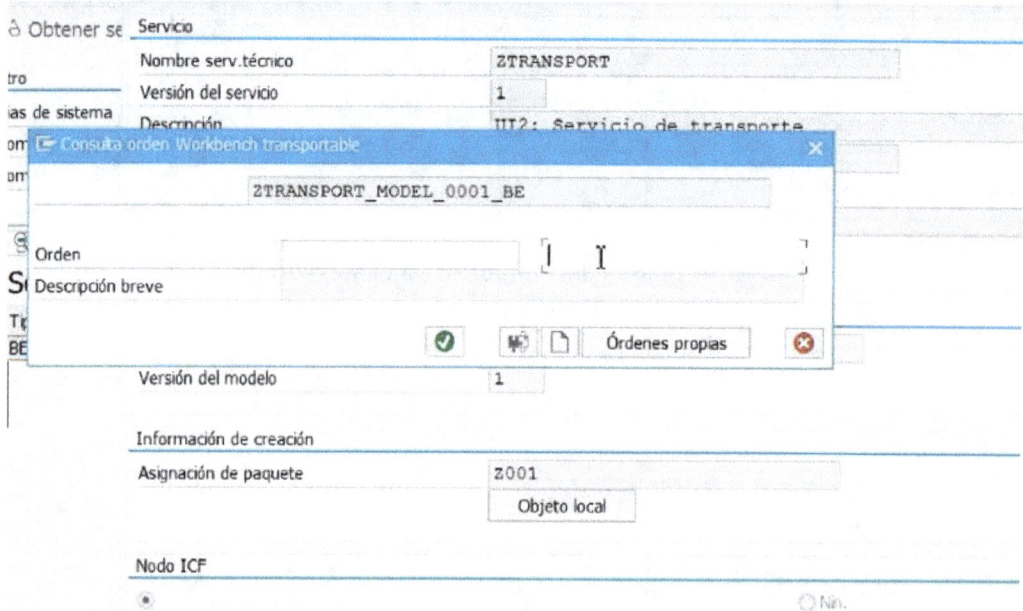

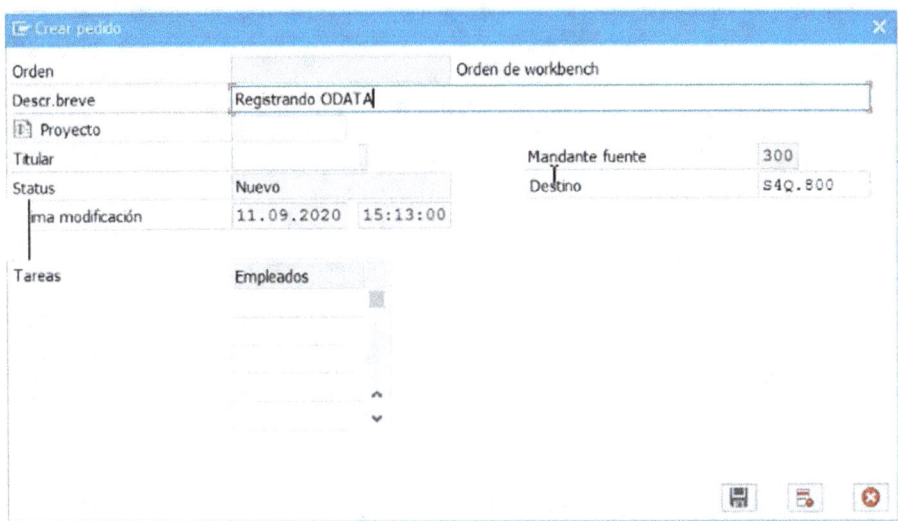

Escribimos la descripción de la Orden. En este caso, Registrando ODATA.

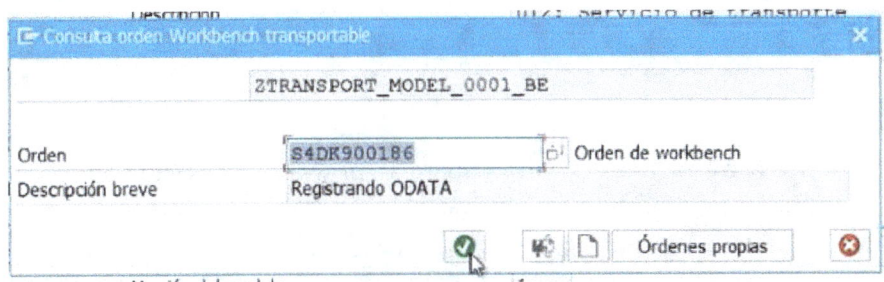

5. Generamos nuestra orden de transporte.

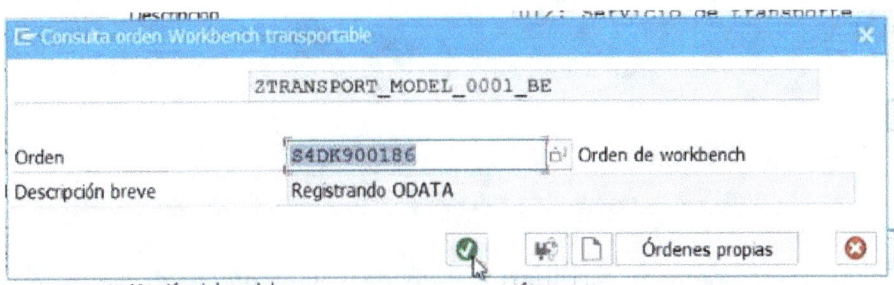

6. Al guardar me va a decir que el servicio TRANSPORT ya se ha creado y sus metadatos se han cargado correctamente.

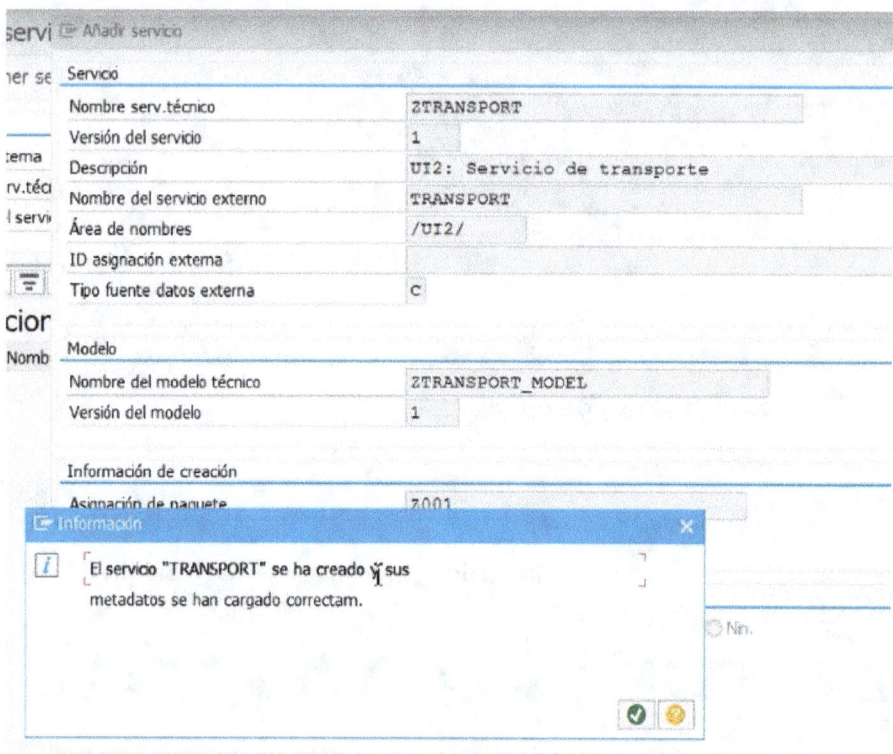

7. Me regreso, y veo como ya aparece mi servicio agregado a los que ya tenía.

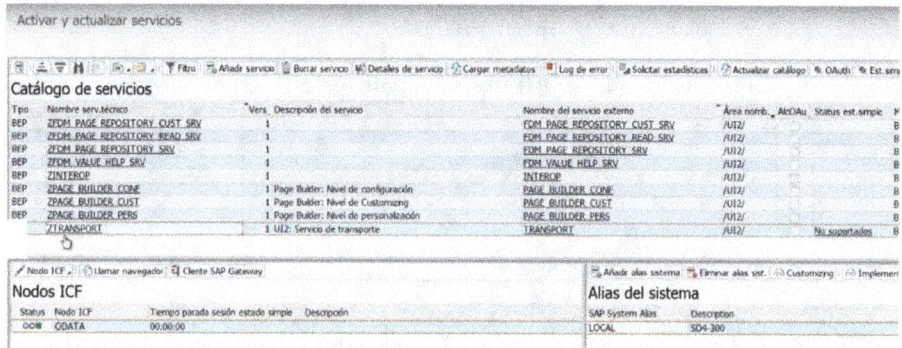

8. Para saber si ya está funcionando correctamente, hago clic en el botón de Cliente SAP Gateway, donde en Request URI podemos ver la ruta de nuestra ODATA.

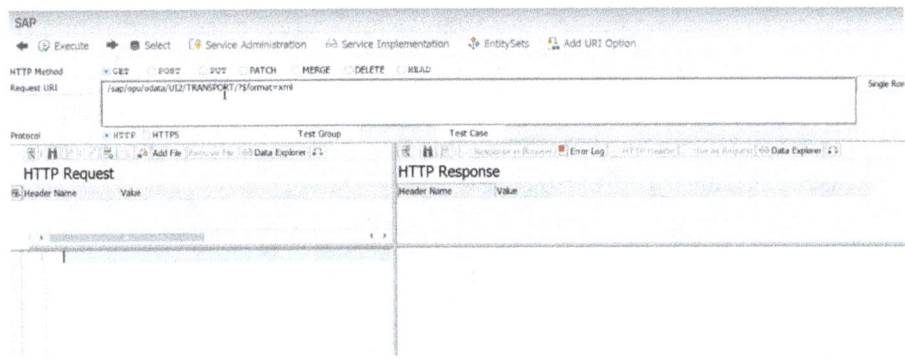

9. Hacemos clic en el botón de Ejecutar, y si en la parte derecha de la pantalla aparece la respuesta HTTP y en status_code aparece en verde el número 200 como se muestra en la figura. Esto quiere decir que nuestro servicio ya está funcionando correctamente.

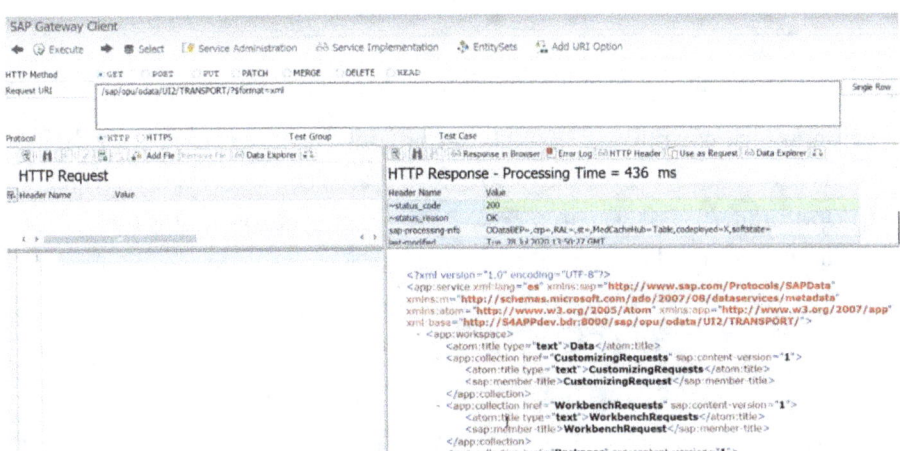

Con esto terminamos la parte de configuración técnica de nuestros ODATAS. En la siguiente sección veremos cómo encontrar las Apps de Fiori en el SAP Fiori library para activar las aplicaciones que necesitemos en nuestros proyectos.

2.7 Activando los Servicios ICF

En este apartado, vamos a ver cómo activar los Servicios ICF; en la parte anterior vimos cómo activar los servicios ODATA, que son los que van a consumir nuestras aplicaciones Fiori. Pero los servicios ICF, son los que vinculan nuestra App de Fiori con el servicio OData en el Front-End. Así que, si el servicio OData está registrado y activado, pero el servicio

ICF no está activado, también nos va a dar un error. Recordemos que aunque ahorita estamos guardando los objetos de manera LOCAL, las Fioris están hechas para que se desplieguen en un browser o navegador de internet, y al intentar conectarse, nos va a pedir el usuario y contraseña de nuestro usuario SAP.

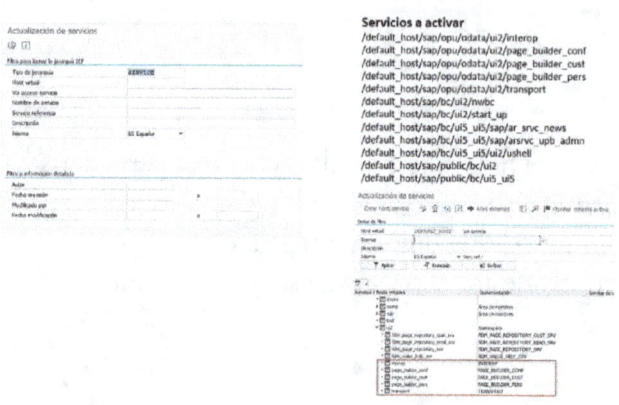

Si observamos, los primeros servicios son los que dimos de alta en la sección anterior. En los pasos que siguen, debemos agregar el nombre del servicio, y sugerimos usar desde donde aparece /sap/opu/odata/ui2/<servicio>. A continuación, iremos dando de alta los que faltan (fuera del cuadro rojo).

Servicios a activar

/default_host/sap/opu/odata/ui2/interop
/default_host/sap/opu/odata/ui2/page_builder_conf
/default_host/sap/opu/odata/ui2/page_builder_cust
/default_host/sap/opu/odata/ui2/page_builder_pers
/default_host/sap/opu/odata/ui2/transport
/default_host/sap/bc/ui2/nwbc
/default_host/sap/bc/ui2/start_up
/default_host/sap/bc/ui5_ui5/sap/ar_srvc_news
/default_host/sap/bc/ui5_ui5/sap/arsrvc_upb_admn
/default_host/sap/bc/ui5_ui5/ui2/ushell
/default_host/sap/public/bc/ui2
/default_host/sap/public/bc/ui5_ui5

Ahora, debemos entrar a la transacción **SICF**, y vemos una pantalla como sigue:

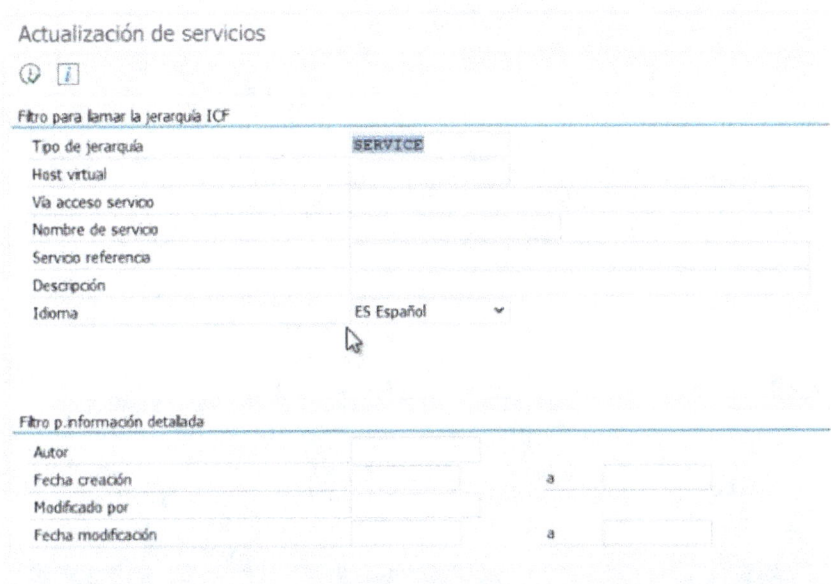

Por lo regular, al activar los servicios ODATA deberían aparecer también los SICF, como vemos en la pantalla de abajo. Sin embargo, SAP dice que, al dar de alta los servicios, debemos verificar que también estén creados en la **SICF**.

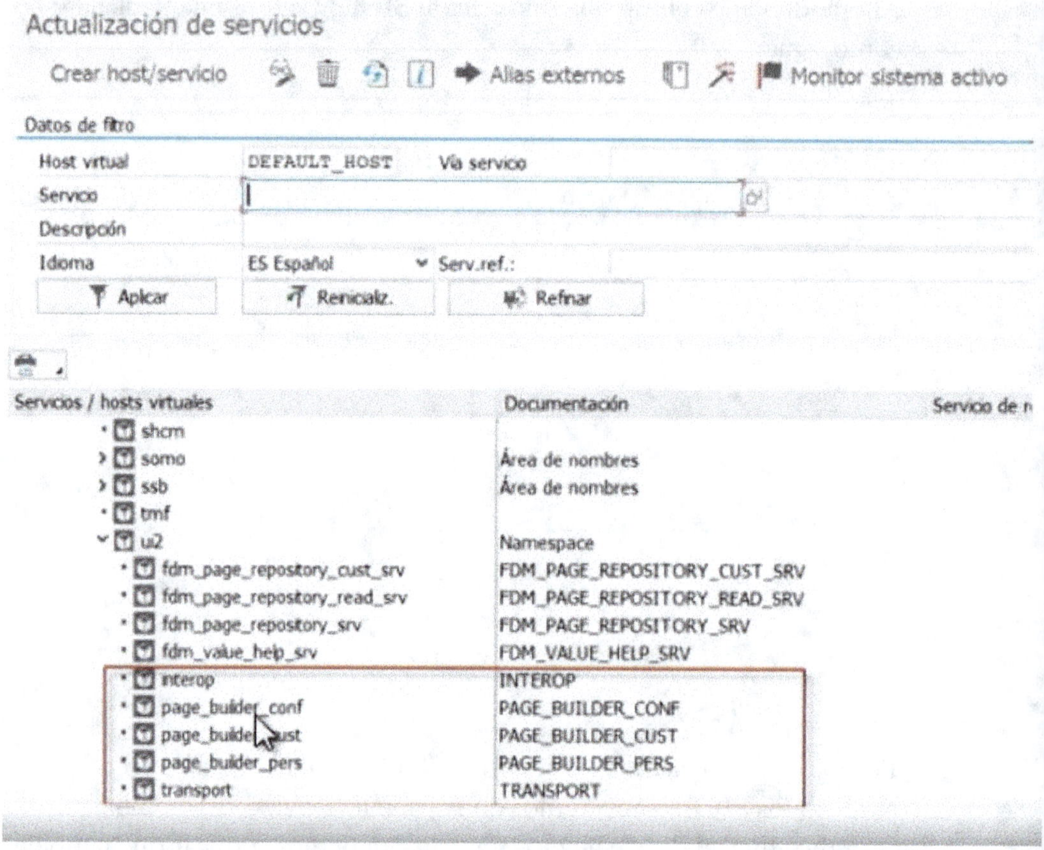

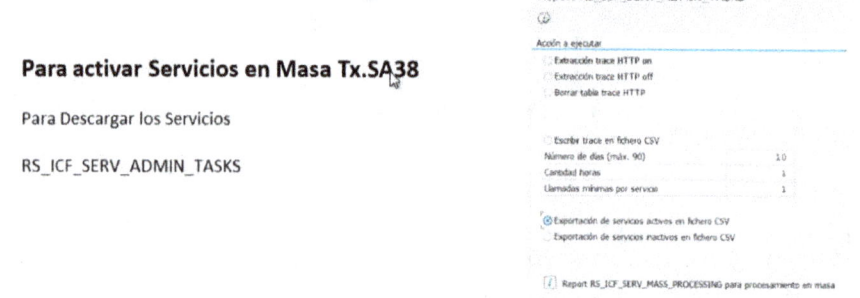

Actualización de servicios

Crear host/servicio   ➡ Alias externos   Monitor sistema activo

Datos de filtro

Host virtual	DEFAULT_HOST Vía servicio
Servicio	
Descripción	
Idioma	ES Español Serv.ref.:

▼ Aplicar   ↗ Reinicializ.   Refinar

Servicios / hosts virtuales	Documentación	Servicio de r
• shcm		
› somo	Área de nombres	
› ssb	Área de nombres	
• tmf		
▼ ui2	Namespace	
• fdm_page_repository_cust_srv	FDM_PAGE_REPOSITORY_CUST_SRV	
• fdm_page_repository_read_srv	FDM_PAGE_REPOSITORY_READ_SRV	
• fdm_page_repository_srv	FDM_PAGE_REPOSITORY_SRV	
• fdm_value_help_srv	FDM_VALUE_HELP_SRV	
• interop	INTEROP	
• page_builder_conf	PAGE_BUILDER_CONF	
• page_builder_cust	PAGE_BUILDER_CUST	
• page_builder_pers	PAGE_BUILDER_PERS	
• transport	TRANSPORT	

Se pueden cargar los servicios de manera **manual** o en **masa**. Para cargarlos en masa, vamos a la transacción **SA38** y corremos el programa RS_ICF_SERV_ADMIN_TASKS.

Para activar Servicios en Masa Tx.SA38

Para Descargar los Servicios

RS_ICF_SERV_ADMIN_TASKS

Report RS_ICF_SERV_ADMIN_TASKS

Acción a ejecutar

- Extracción trace HTTP on
- Extracción trace HTTP off
- Borrar tabla trace HTTP

- Escribir trace en fichero CSV

Número de días (máx. 90)	10
Cantidad horas	1
Llamadas mínimas por servicio	1

- ⦿ Exportación de servicios activos en fichero CSV
- Exportación de servicios inactivos en fichero CSV

Report RS_ICF_SERV_MASS_PROCESSING para procesamiento en masa

Aquí solo hay que decirle si hay que exportar los servicios activos o inactivos. Por lo general se exportan ambos en ficheros CSV.

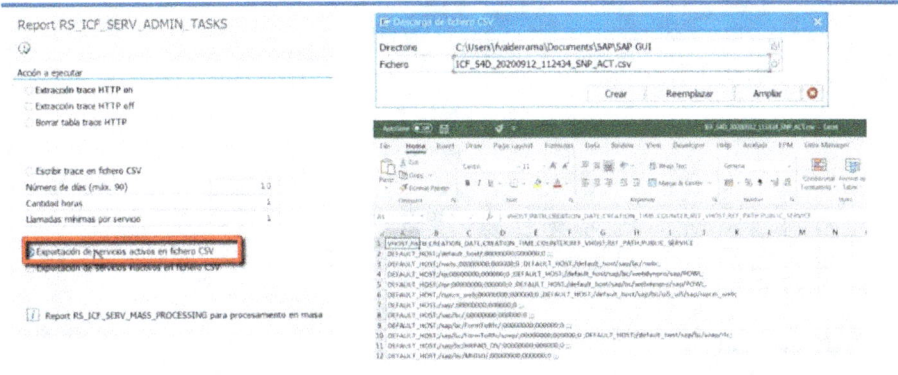

Aquí nos va a pedir una ruta donde descargar un archivo CSV:

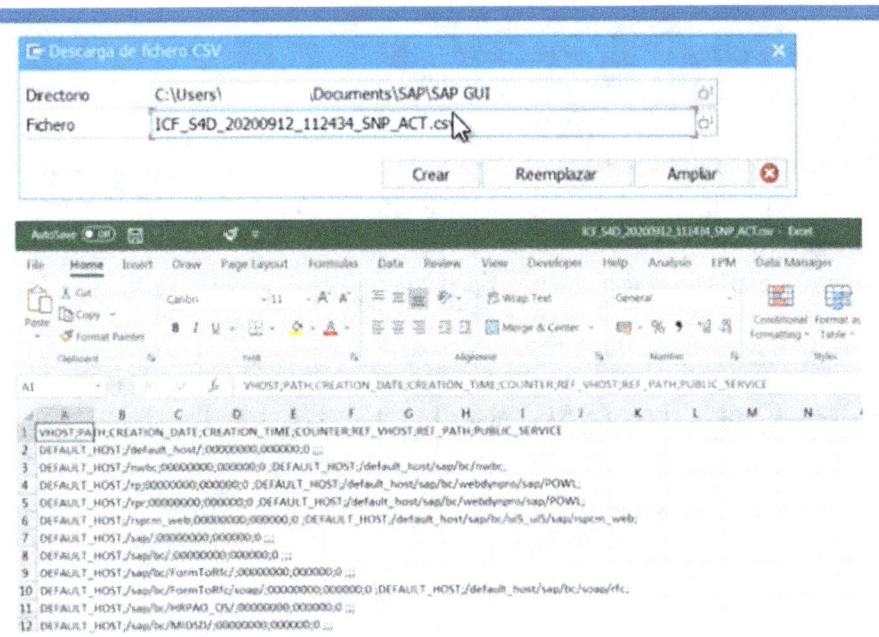

Y nos va a descargar todos los servicios que vienen en el sistema (más de 14,000 servicios), indicando el host y la ruta del servicio, todos separados por punto y coma.

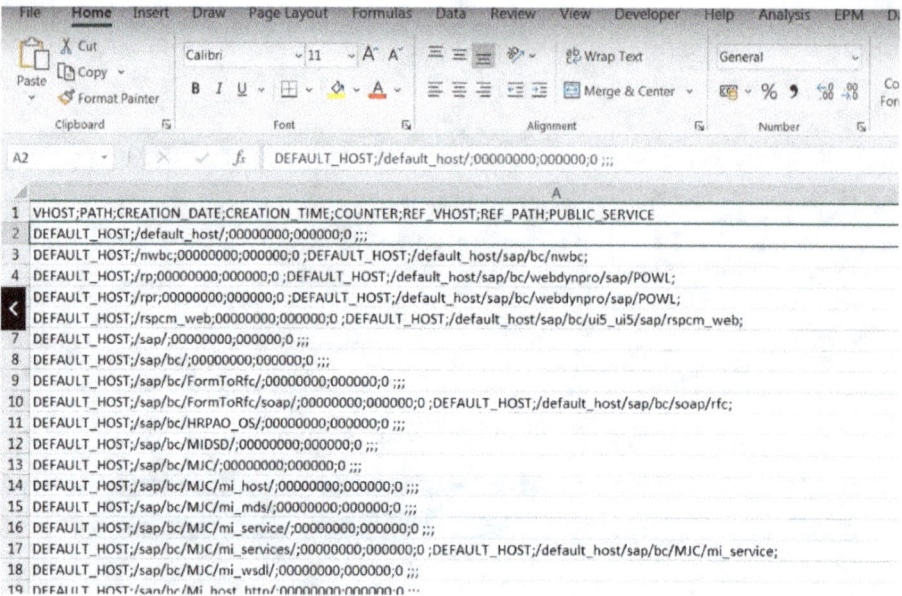

Así, nosotros buscamos los que queremos activar y armamos un archivo solo con aquellos que necesitemos y formamos un archivo CSV, y para cargarlo usamos un segundo programa:
RS_ICF_SERV_MASS_PROCESSING.

Para Activar o desactivar los servicios.

RS_ICF_SERV_MASS_PROCESSING

Este programa sirve tanto para activar como desactivar los servicios, sólo debemos seleccionar la opción que queramos, como se observa a continuación.

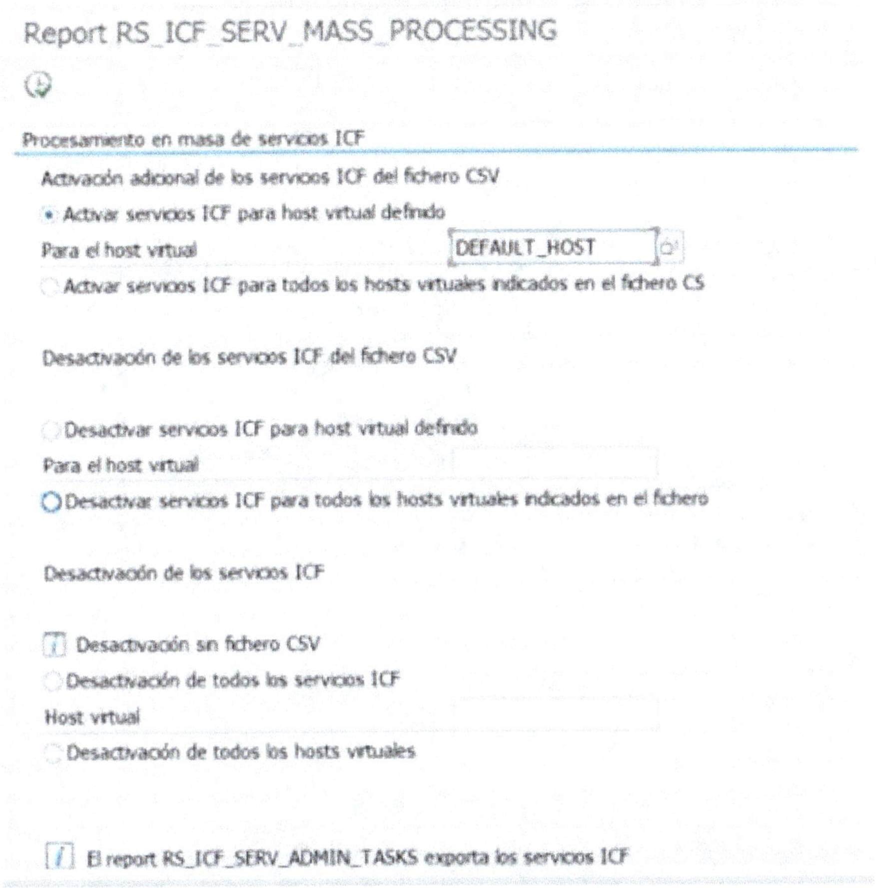

Report RS_ICF_SERV_MASS_PROCESSING

Procesamiento en masa de servicios ICF

Activación adicional de los servicios ICF del fichero CSV

○ Activar servicios ICF para host virtual definido

Para el host virtual   DEFAULT_HOST

○ Activar servicios ICF para todos los hosts virtuales indicados en el fichero CS

Desactivación de los servicios ICF del fichero CSV

○ Desactivar servicios ICF para host virtual definido

Para el host virtual

○ Desactivar servicios ICF para todos los hosts virtuales indicados en el fichero

Desactivación de los servicios ICF

[i] Desactivación sin fichero CSV

○ Desactivación de todos los servicios ICF

Host virtual

○ Desactivación de todos los hosts virtuales

[i] El report RS_ICF_SERV_ADMIN_TASKS exporta los servicios ICF

Para que no se quiebren la cabeza definiendo su archivo de servicios, pueden usar como plantilla el archivo csv que viene incluido en el archivo .rar en la liga que aparece a continuación:

http://bltmexico.com/ebook/GRSF.rar

Este archivo incluye dos archivos:

MEMORIA TECNICA FIORI.xlsx que es una plantilla en Excel para que use al descargar la información técnica que viene en la librería de Fiori de las aplicaciones que vaya a implementar, y

servicios_SICF.csv que es el archivo que puede usar para este ejemplo de los servicios.

Al correr el programa masivo, nos va a preguntar si se activa para el Host seleccionado o para todos los que se encuentre. En nuestro caso, seleccionamos para nuestro Host únicamente. No se deben activar los más de 14,000 servicios, sino únicamente aquellos que vayamos a ocupar, ya que saturaríamos el servidor con servicios que posiblemente no se usen. Lo ideal es llegar a un archivo con únicamente los servicios que queremos, algo como esto:

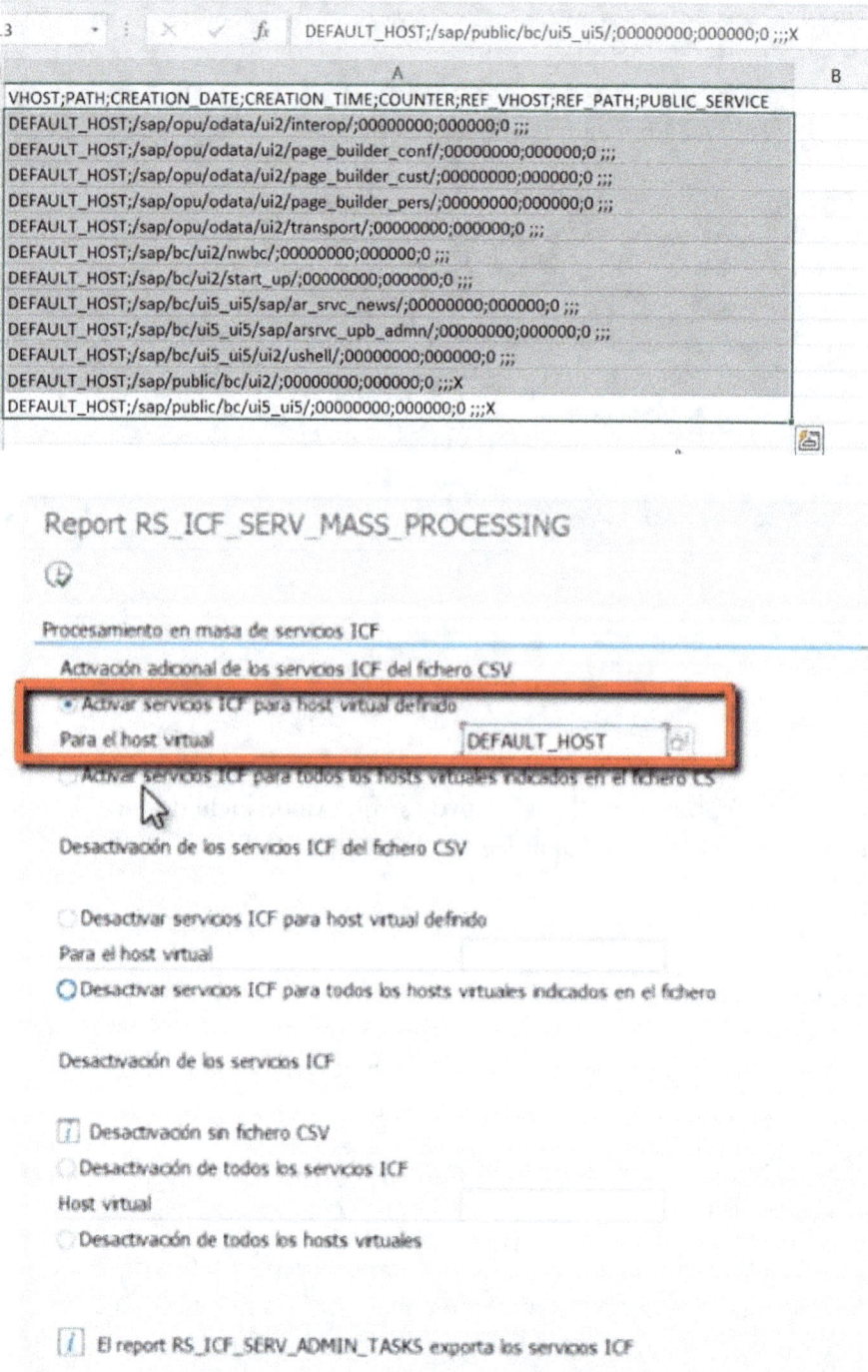

Después de esto nos pregunta si queremos activar los servicios ICF seleccionados, y nos pide la ruta en donde se encuentra el archivo csv que descargó de la liga que mencionamos arriba (nosotros lo copiamos en algún directorio de nuestra computadora y se la indicamos a continuación).

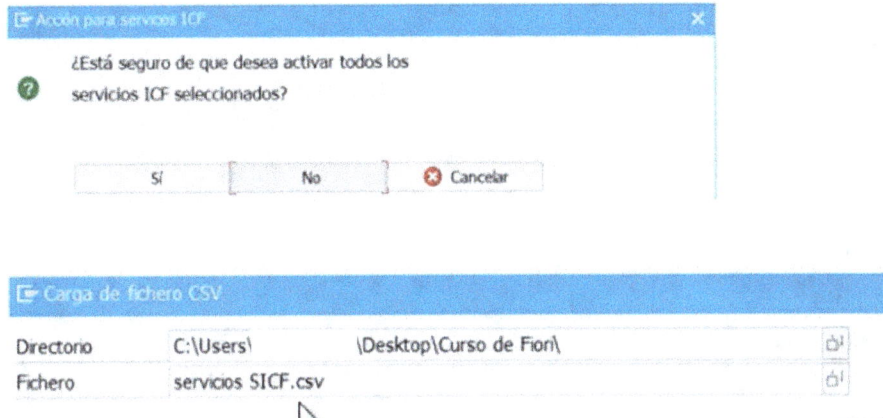

Una vez dando ENTER, vamos ahora a SAP y ejecutamos la transacción SICF.

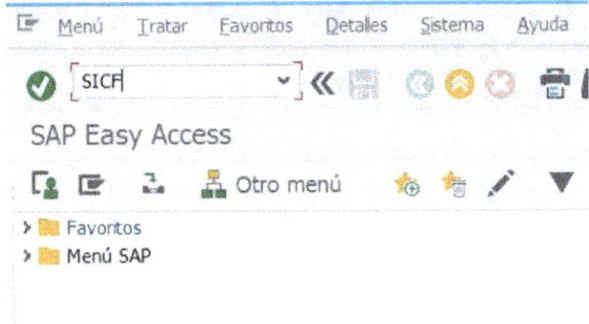

Aquí tenemos varias opciones.

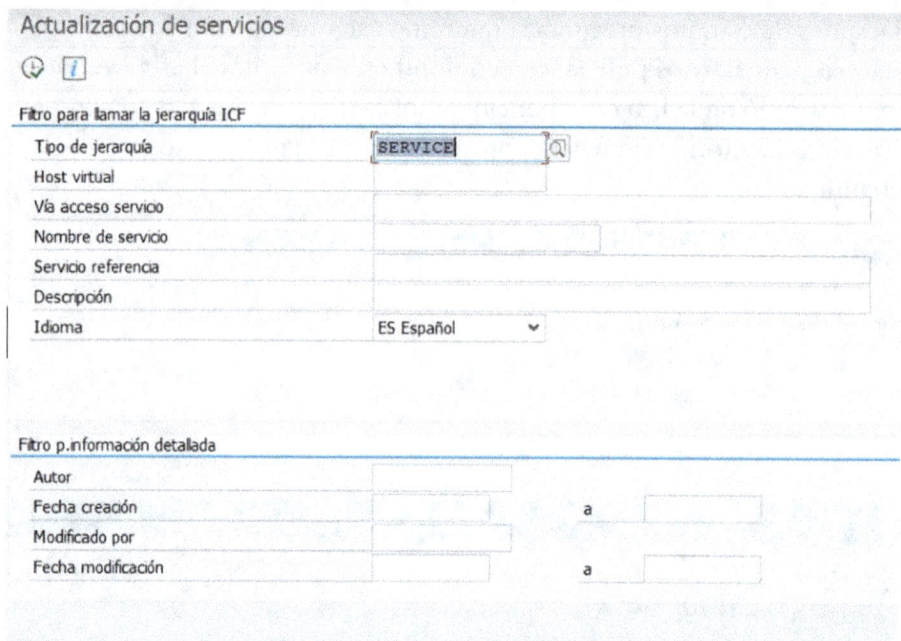

Le podemos dar directamente clic en Ejecutar, así como aparece la pantalla.

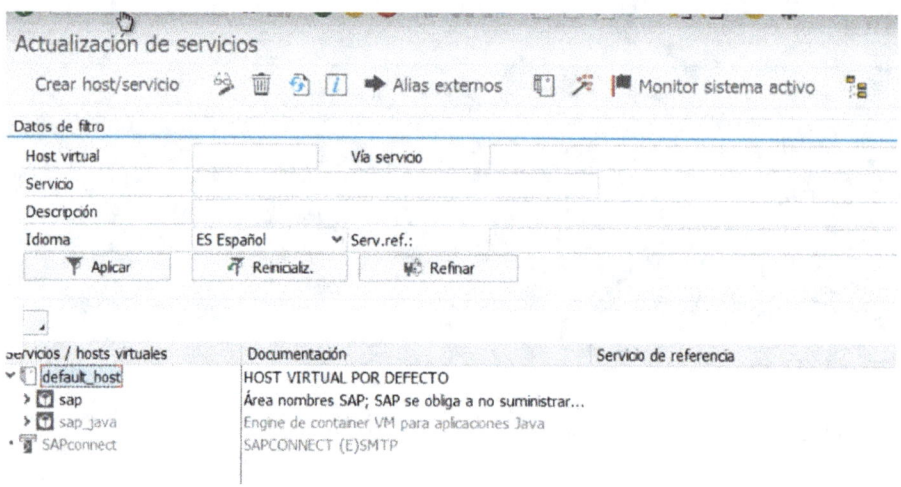

Aquí hacemos clic en el árbol en donde dice sap, luego en bc.

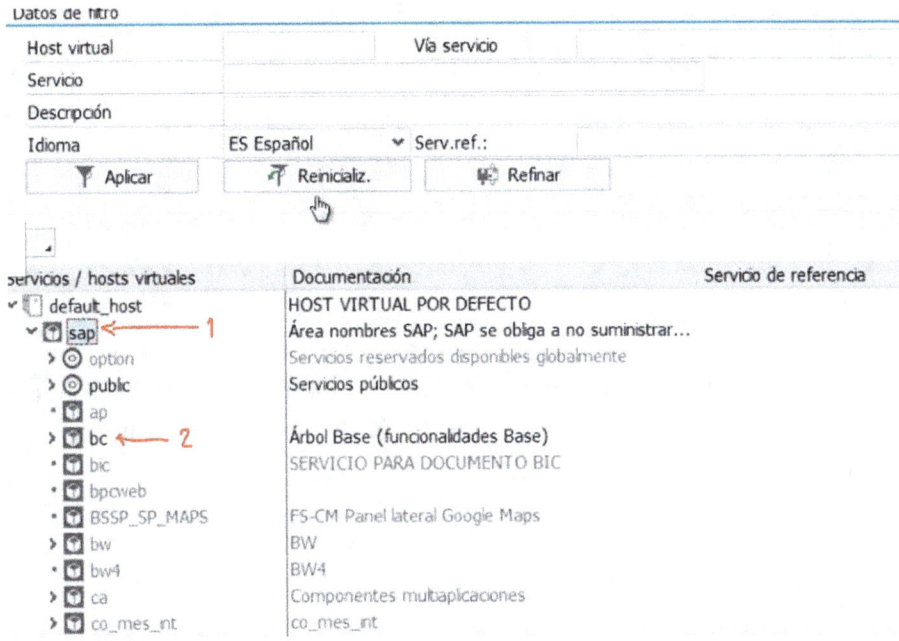

Bajamos, hasta llegar a interop.

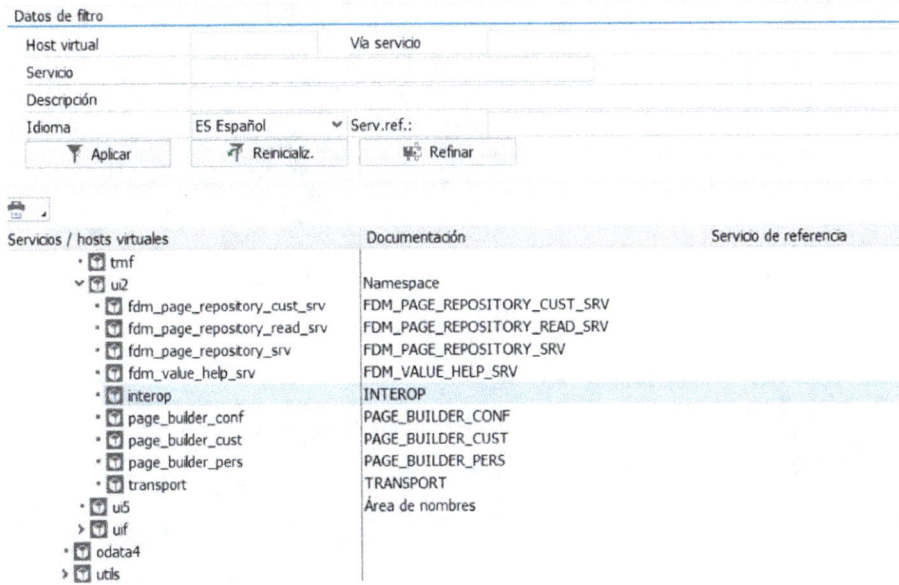

Si recuerdan, ya habíamos creado los servicios.

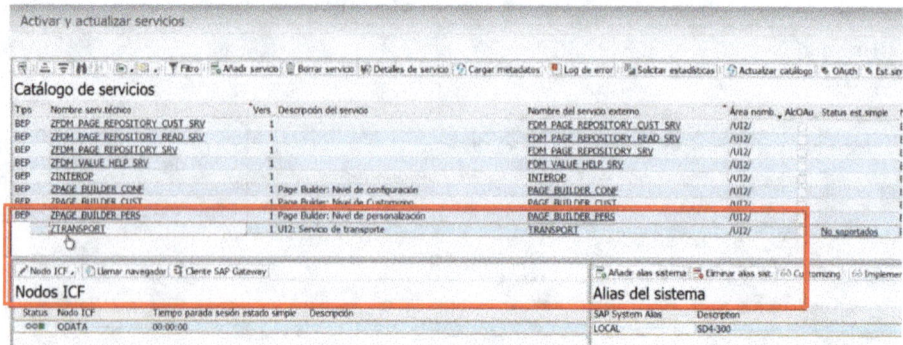

Si hacemos doble clic en el de INTEROP, nos lleva a la pantalla donde al hacer clic en Ejecutar, nos mandaba un XML de regreso, indicando que ya funcionaba bien.

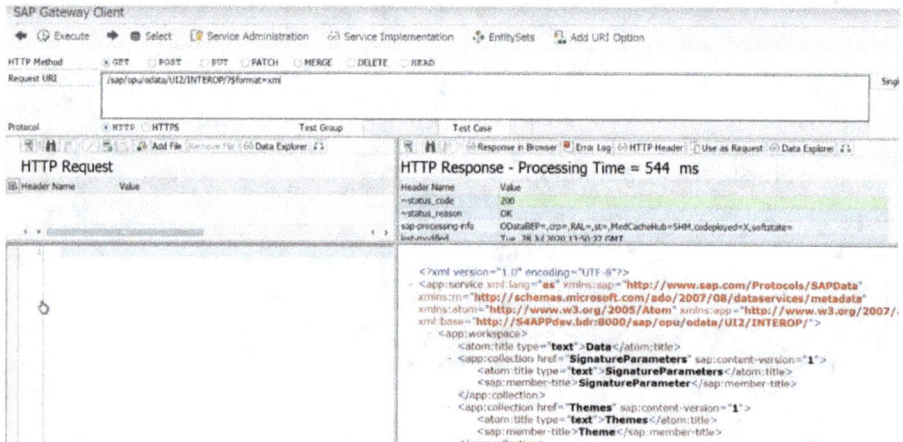

Pero no le dimos clic en el botón Llamar navegador.

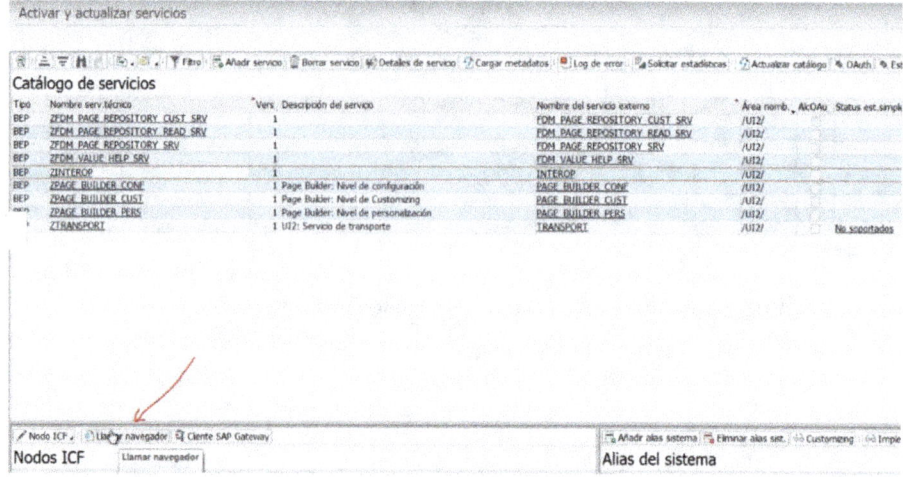

Donde nos tiene que solicitar el usuario SAP y contraseña para poder conectarnos.

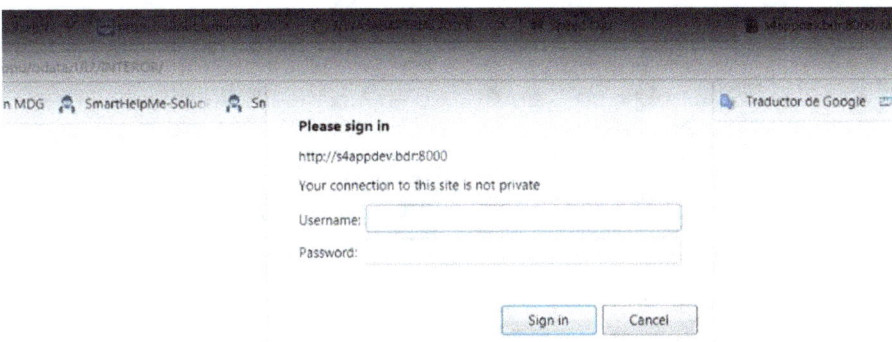

Una vez que se la damos, nos regresa también un XML para validar que ya también está funcionando correctamente a través de un navegador.

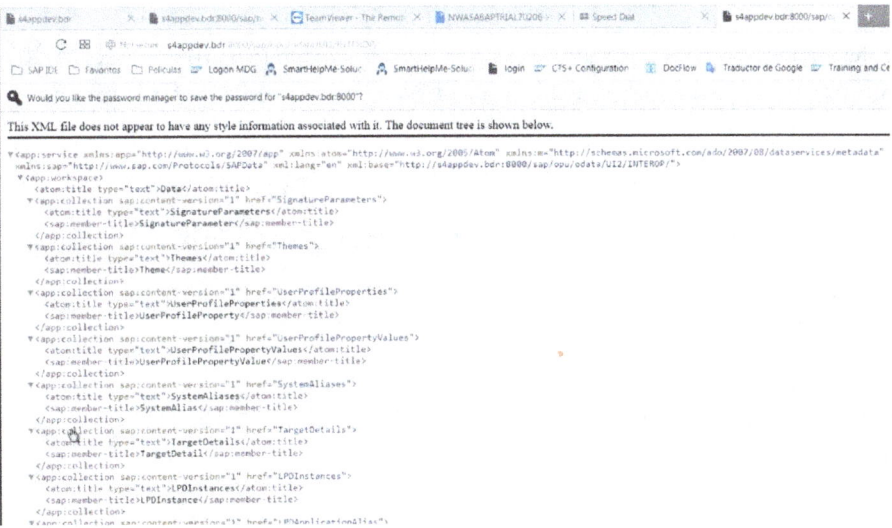

Si yo voy al árbol de los Servicios / host virtuales y le doy clic derecho a INTEROP y lo desactivo.

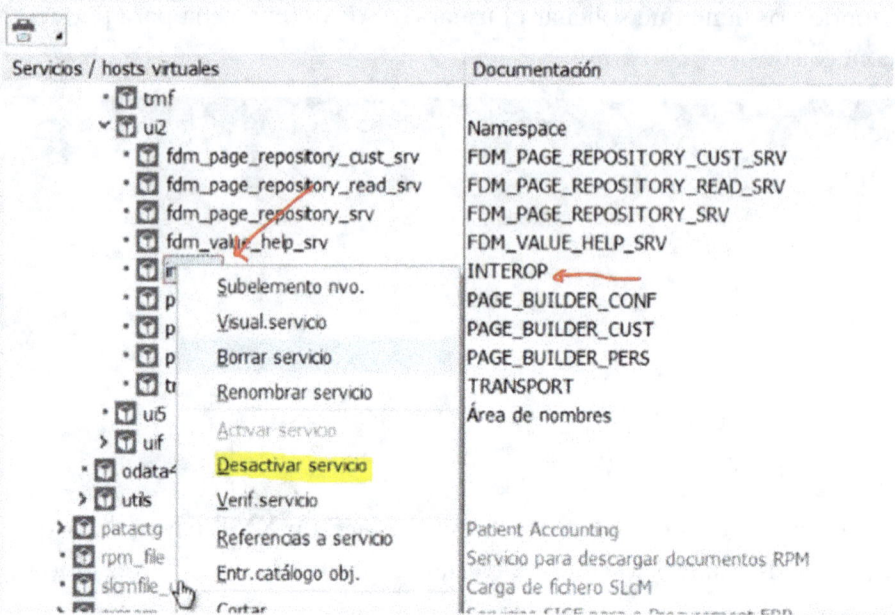

Y le vuelvo a dar clic en el botón de Llamar navegador, me devuelve un mensaje de error, de que no lo encontró, esto debido a que el servicio está desactivado.

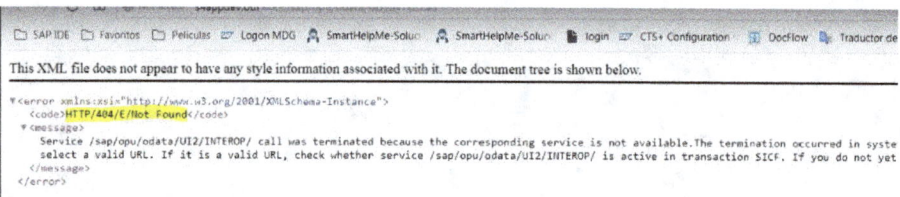

Para evitar esto, hacemos de nuevo clic derecho en INTEROP y le decimos Activar.

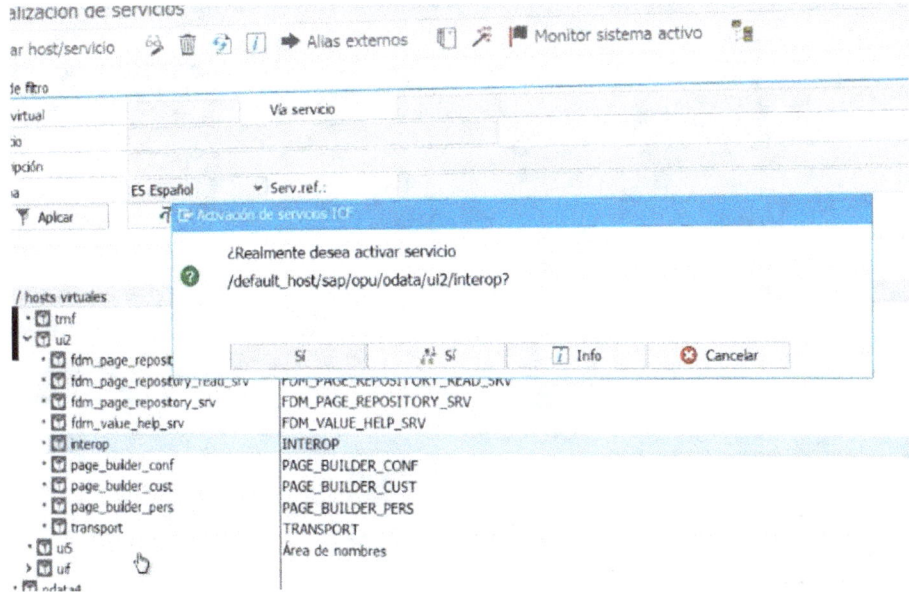

Esta es la diferencia entre los ODATA activos y los SICF activos. Aunque el ODATA está activo, si el SICF se desactiva, no liga la aplicación con el OData a través del Front-End.

La otra forma de activar nuestros servicios, es que en esta pantalla, le decimos el host virtual (DEFAULT_HOST), el nombre del servicio (interop) y ejecutamos.

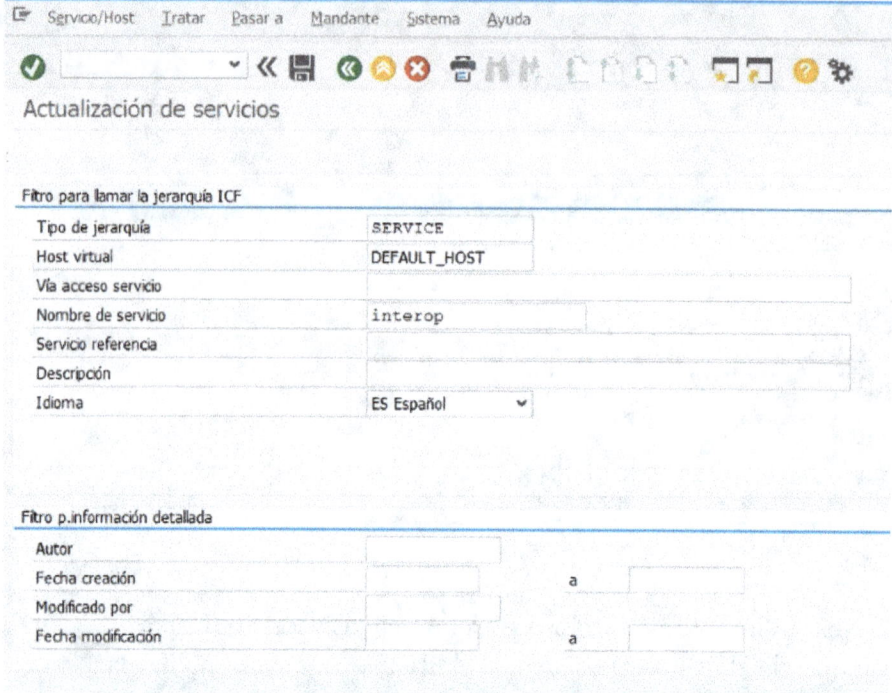

Al ejecutarlo, nos lleva directamente a la ruta del servicio.

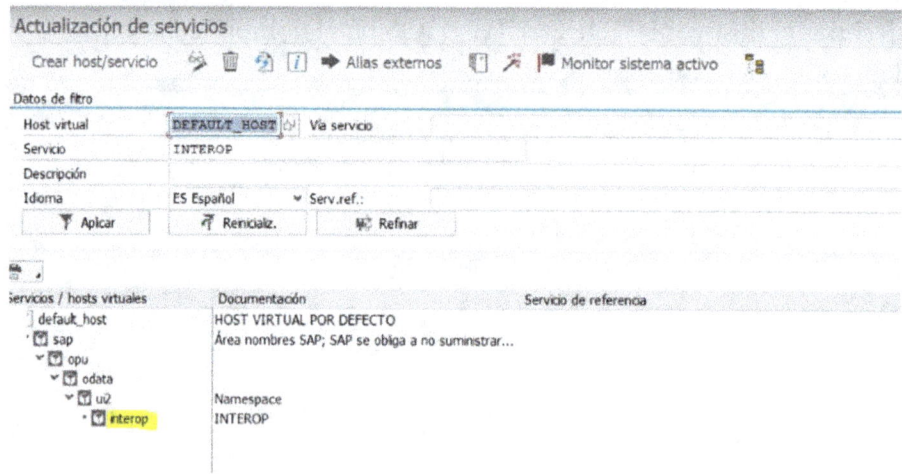

Una tercera opción es dándole directamente la URI en la Vía de servicio, por ejemplo, /sap/opu/odata/ui2/transport:

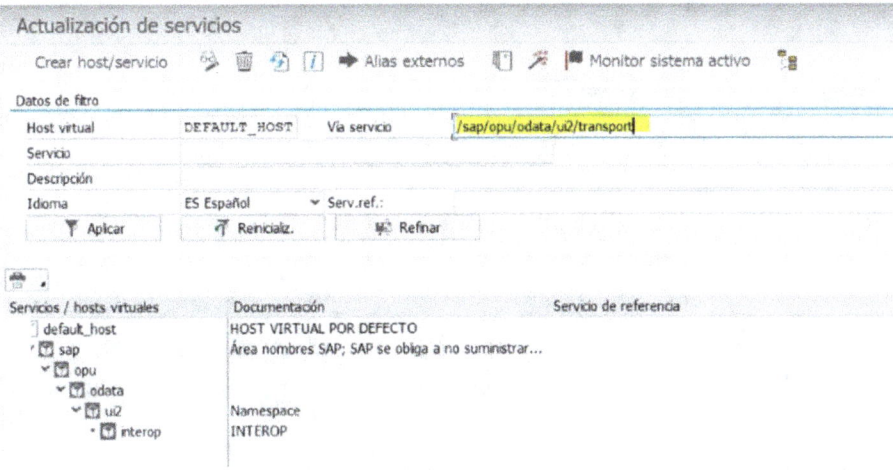

Hacemos clic en el filtro Aplicar, y nos lleva a la ruta del árbol donde está el servicio transport.

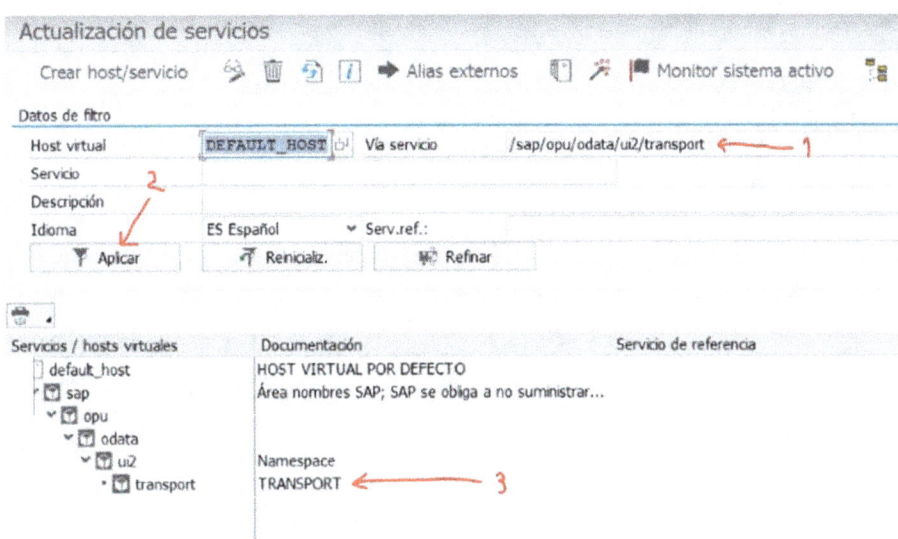

NOTA: al darle la ruta en **Vía servicio**, ésta debe estar escrita correctamente, pues si ahí nos equivocamos no nos la desplegaría.

Hasta aquí ya vimos cómo se activan los servicios manualmente.

Ahora vamos a ver cómo activarlos de manera masiva. Vamos a la transacción SA38 y corremos nuestro reporte RS_ICF_SERV_MASS_PROCESSING:

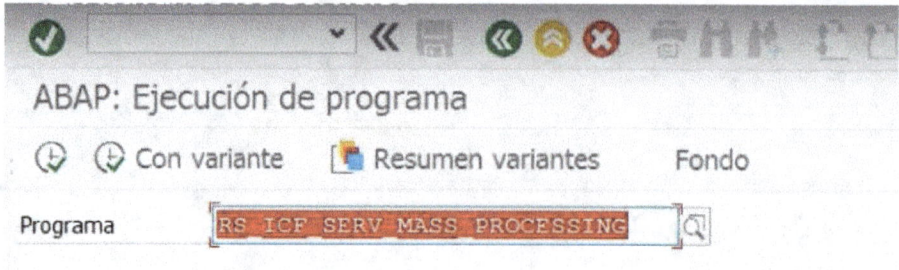

ABAP: Ejecución de programa

Con variante   Resumen variantes   Fondo

Programa   RS_ICF_SERV_MASS_PROCESSING

Aquí le decimos que active los servicios para el host virtual
DEFAULT_HOST, y le damos la ruta con el archivo que incrustamos
en este documento.

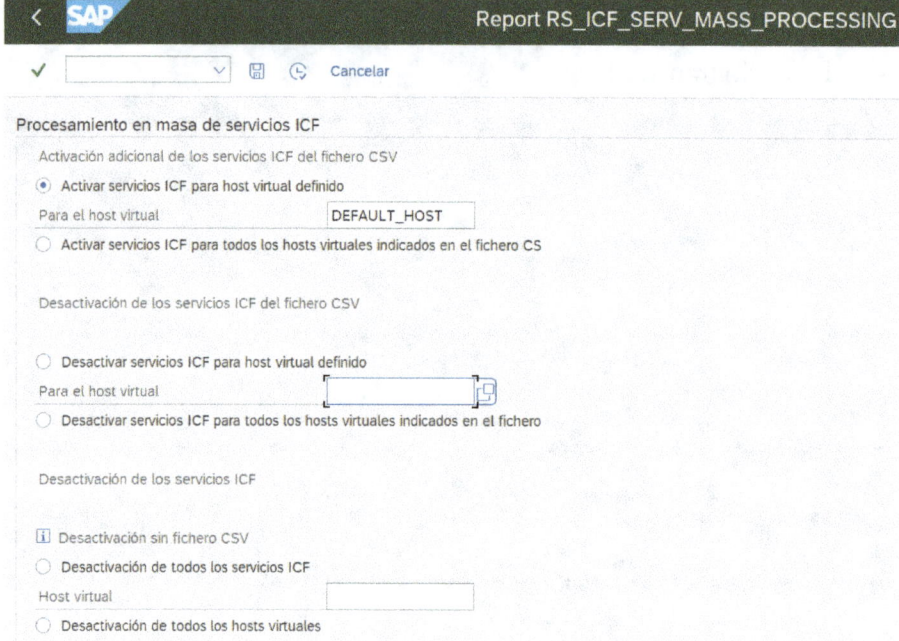

Nos pide la ruta del archivo, se la damos y hacemos clic en continuar:

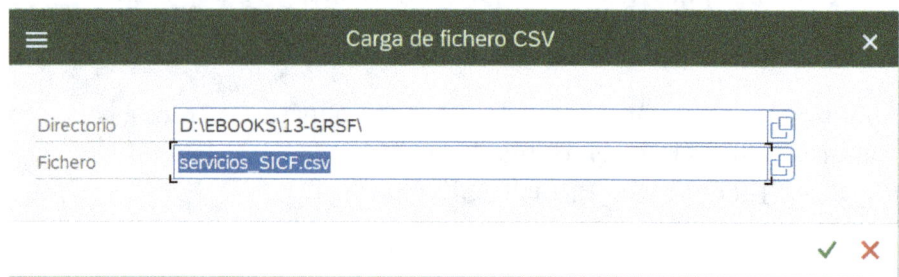

Nos responde que se realizó la acción con éxito, lo que implica que ya quedaron vinculados todos los servicios ICF con su respectivo programa ODATA.

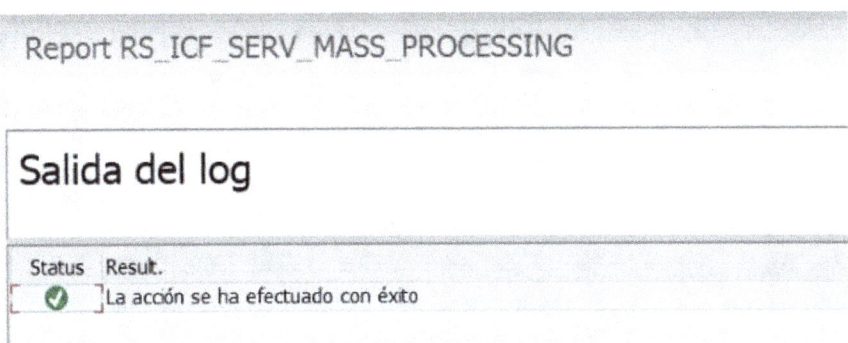

Con esto terminamos la sección de activar los servicios ICF.

2.8 Configuración Automática

En esta sección, vamos a tratar de validar si nos funciona la rampa de lanzamiento de Fiori. Para esto, vamos a ver cuáles son las configuraciones necesarias para que se levante el servicio de dicha rampa. Para esto, lanzamos la transacción **/UI2/FLP**. Lo que se recomienda es agregarla a Favoritos, como se indicaremos a continuación.

Primero, vamos al menú Favoritos, y le damos clic derecho, y escogemos la opción Insertar transacción.

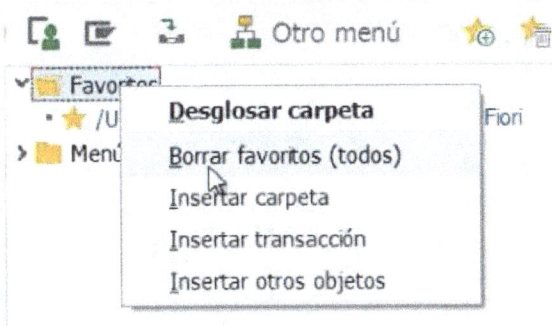

Ya aquí, introducimos la transacción /UI2/FLP y presionamos ENTER.

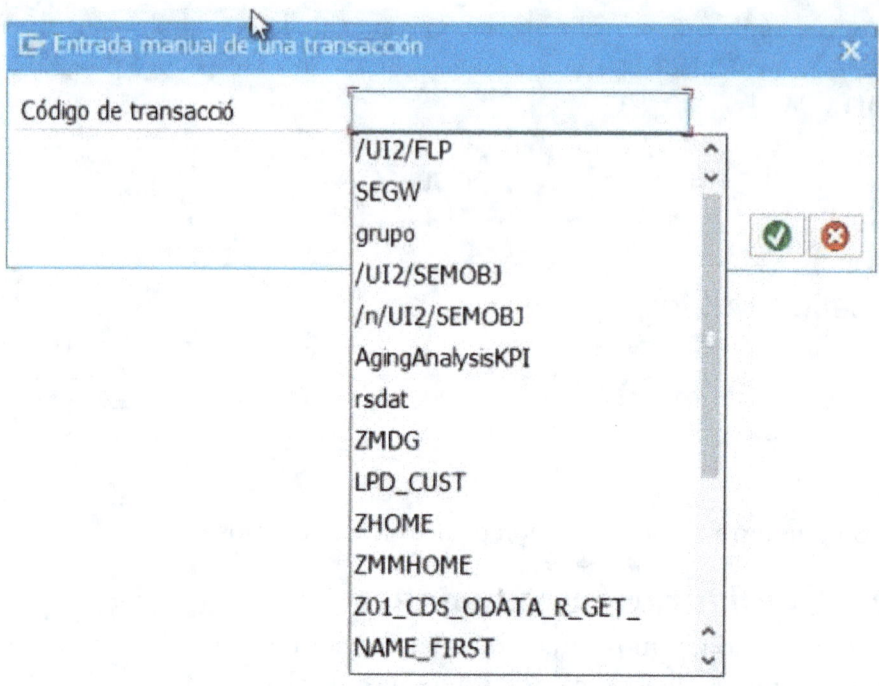

Y así ya la tendremos en Favoritos.

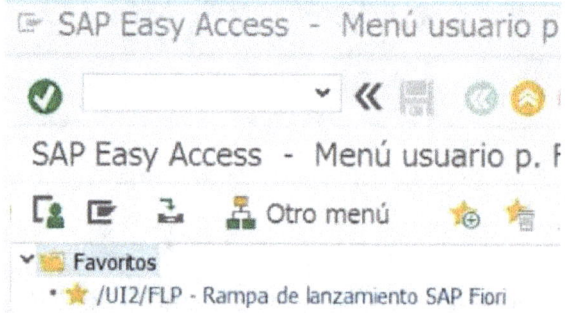

Ahora, si la quisieran introducir directamente en el menú de comandos, nos enviaría un error.

⚠️ Imposible ejecutar esta función

Para poder hacerlo, necesitamos introducir en su lugar **/n/UI2/FLP**, y ya con esto la podríamos ejecutar desde ahí.

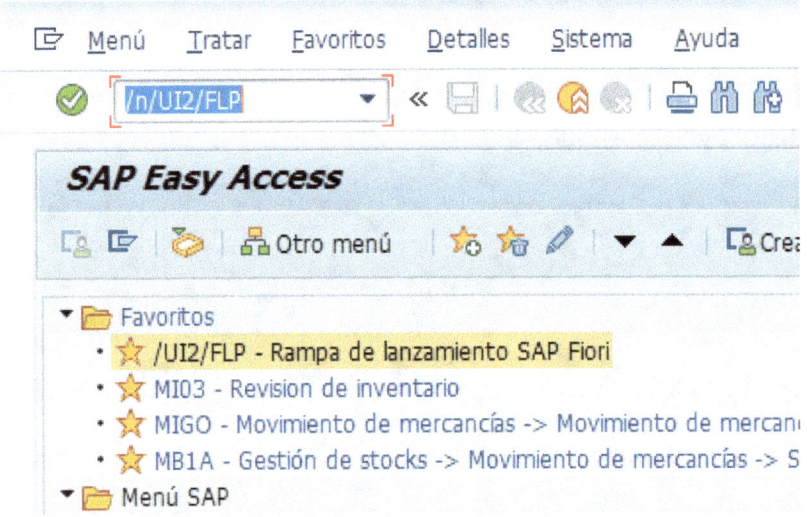

Al ejecutar este comando, nos va a abrir el Internet Explorer, pero no nos va a mostrar nada, porque aún no está configurado.

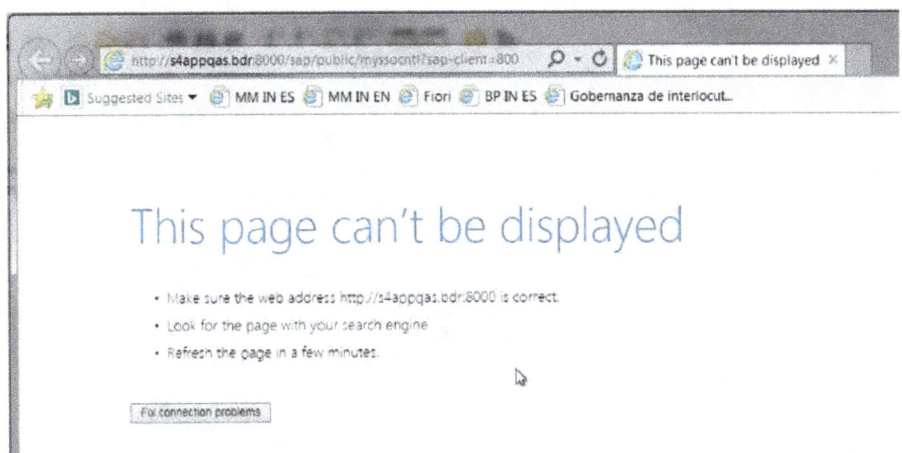

Para poder configurarla, debemos correr la transacción **STC01**.

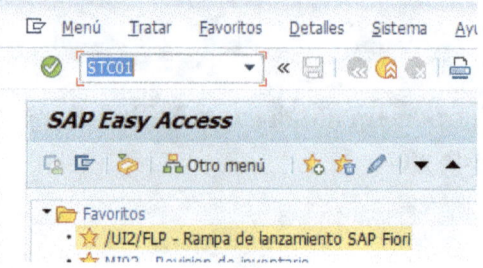

Y una vez aquí, debemos darle una lista de tareas que queremos que el sistema haga automáticamente.

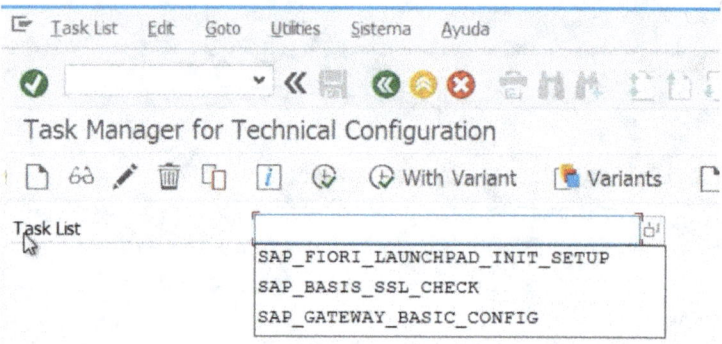

Así que vamos a ejecutar primero la lista de tareas SAP_GATEWAY_BASIC_CONFIG, y le damos clic en F8 para que genere nuestra lista.

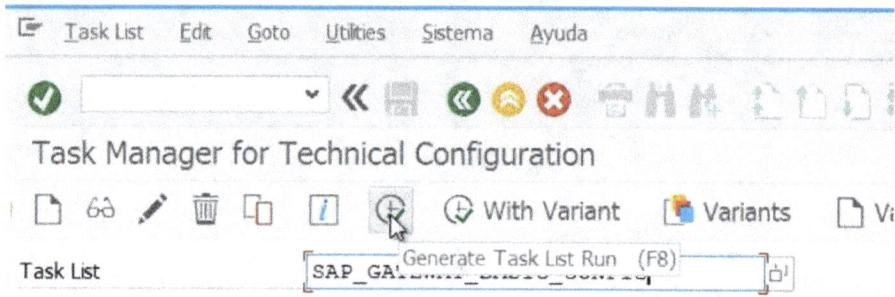

Al ejecutar, nos muestra las tareas que el sistema va a ejecutar.

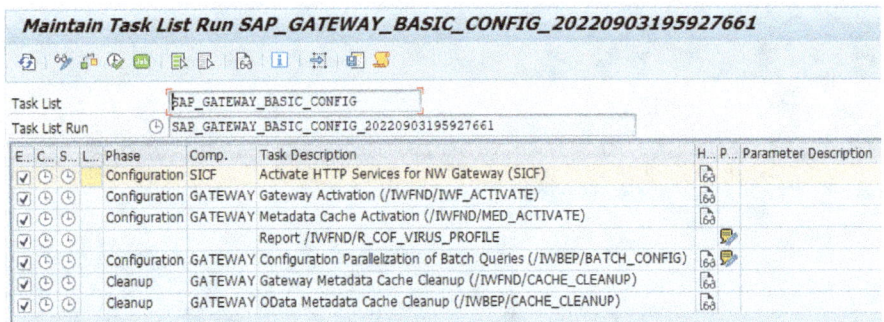

Esto lo que nos dice que cuando llamemos a nuestro Fiori Launchpad, primero va a correr esta lista de tareas, que incluyen activar los servicios HTTP, activar el Gateway y otras tareas relacionadas. Hacemos clic en F8.

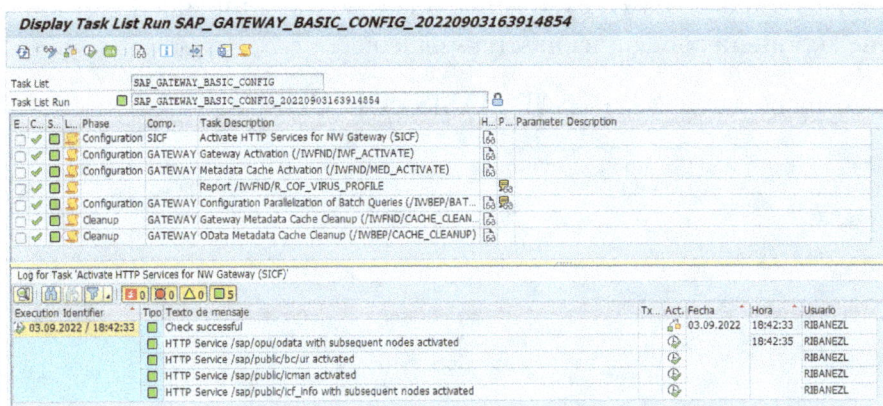

Y aquí podemos ver cómo realizó todas estas actividades y que ya todas terminaron OK. Debe finalizar con todas las actividades con semáforo verde.

Haremos un breve paréntesis. Hasta aquí, hemos hecho la configuración pensando en que nuestro sistema Fiori es Embedded (incrustado) es decir, que corre tanto el Back-End como el Front-End en el mismo servidor. Pero si no fuera este caso, deberíamos también correr la parte en la que el sistema conecta el Back-End con el Front-End, que sería la tarea SAP_SAP2GATEWAY_TRUSTED_CONFIG. Y después, ejecutamos la tarea SAP_GATEWAY_ADD_SYSTEM, que crea una conexión del Front-End con el Back-End. Estas dos tareas son adicionales, pues sólo se usan cuando el sistema está en dos servidores, uno para el Back-End y otro para el Front-End, y no Embedded, como es nuestro caso.

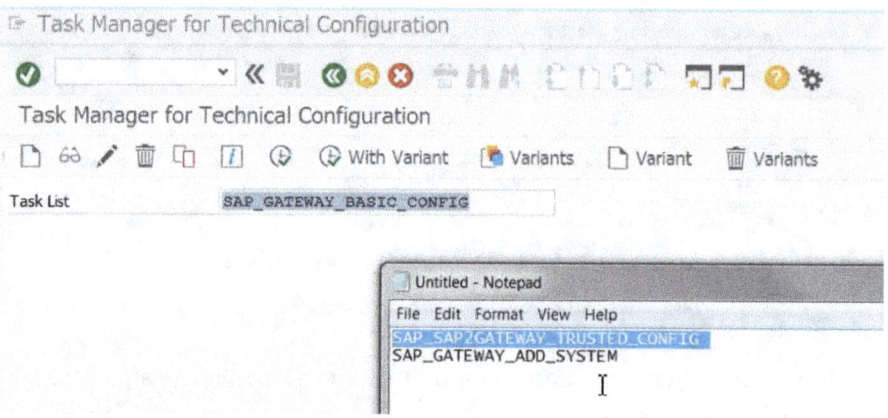

De cualquier manera, esto es algo que tenemos que preguntar a la persona encargada de la arquitectura, si el sistema está incrustado o no. Para los sistemas S/4 HANA, la mayoría ya lo trae Embedded, por lo que la primera configuración sería suficiente.

La siguiente tarea es la de SAP_BASIS_SSL_CHECK.

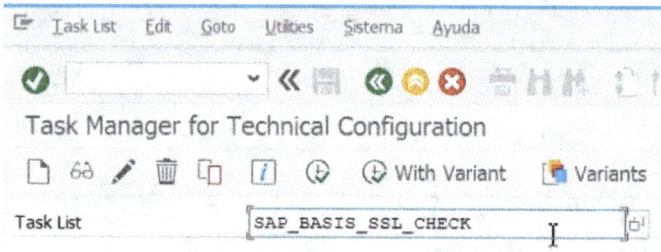

Ejecutamos y tenemos lo siguiente:

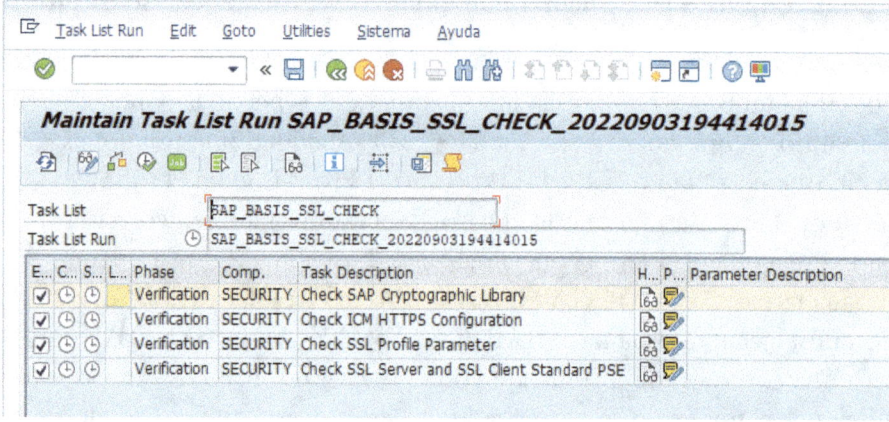

Esto nos confirma que ya están configurados los parámetros de perfiles, la configuración https, etc. La ejecutamos, y tenemos ahora el resultado siguiente, en donde todo debería aparecer también con semáforo verde.

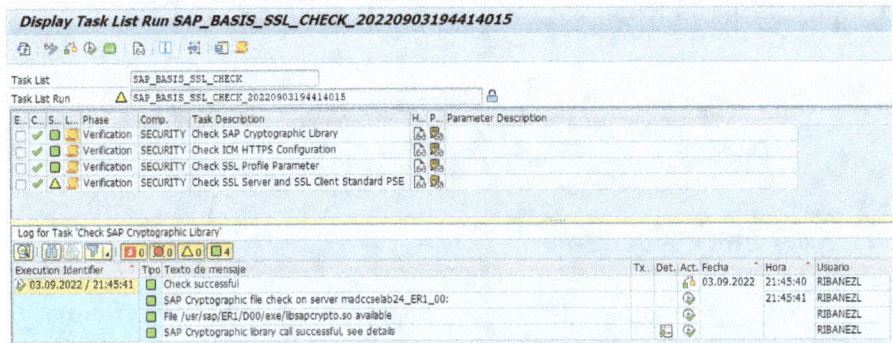

Por último, la siguiente tarea pendiente es el SAP_FIORI_LAUNCHPAD_INIT_SETUP, que es la configuración inicial del Fiori Launchpad, para que se pueda ver cuando lo ejecutamos desde nuestros favoritos.

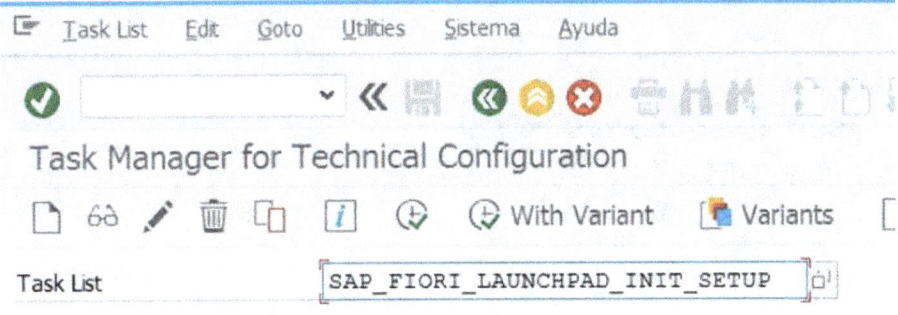

Lo ejecutamos y nos muestras las siguientes tareas:

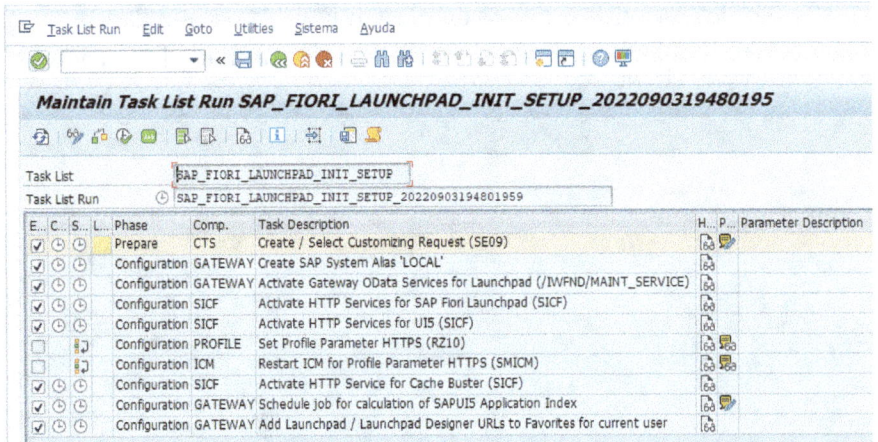

Para poder realizar todas estas tareas, necesitamos validar que en la transacción **SCC4**, tengamos el mandante abierto, ya que esto va a generar una orden de transporte de Customizing/Workbench.

Así que, abrimos otro modo y ejecutamos la transacción **SCC4**.

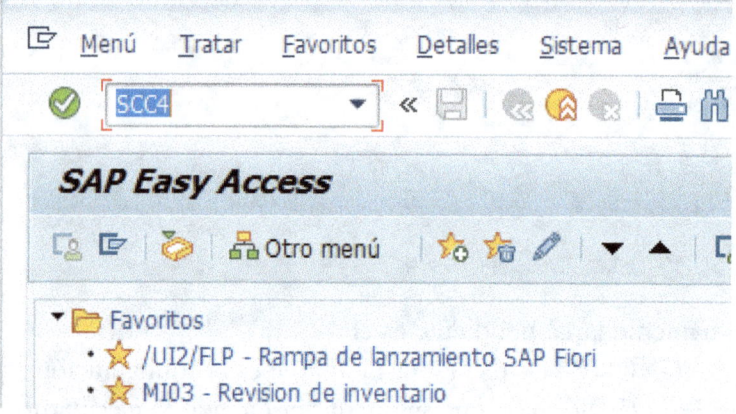

Aquí podemos ver

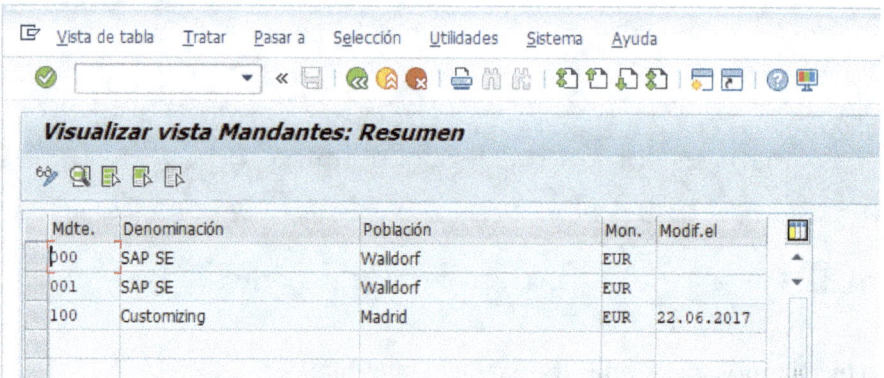

En este ejemplo, nosotros estamos en el mandante 100. Si le damos doble clic en la línea del mandante 100, nos muestra su configuración:

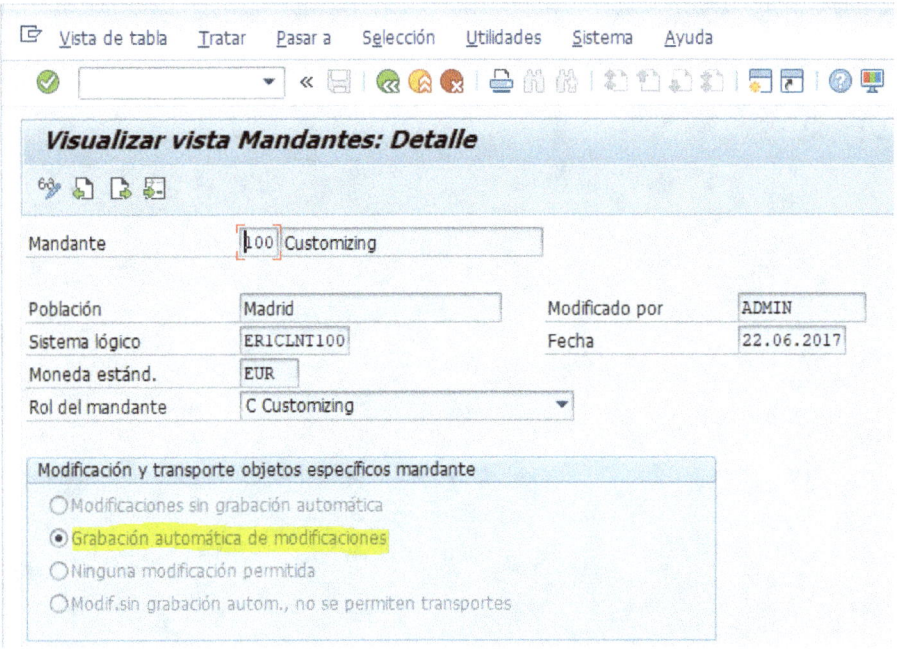

Aquí vemos que tenemos Grabación automática de modificaciones, lo que nos permite grabar órdenes de transporte. Si estuviera la tercera opción, Ninguna modificación permitida, indicaría que el mandante está cerrado y no nos va a permitir crear una orden de transporte.

Así que regresamos a nuestra transacción **STC01** donde nos quedamos y hacemos clic en Ejecutar.

Y vemos una vez más como todas nuestras tareas quedaron con semáforo verde.

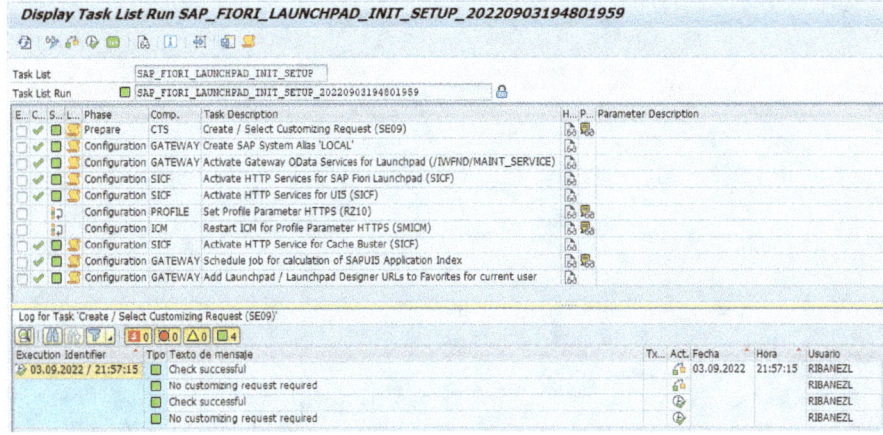

Nuestro siguiente paso, es validar si ya funciona nuestro Fiori.

Capítulo 3
Librería de Fiori

3.1 Entrando a Fiori y conociendo sus partes

En este punto, la siguiente tarea es averiguar si después de toda la configuración y parametrización que hicimos, ya funciona nuestro Fiori. Así que vamos a nuestra sección de favoritos donde ya habíamos agregado la Rampa de lanzamiento de Fiori, con la transacción **/ui2/flp**.

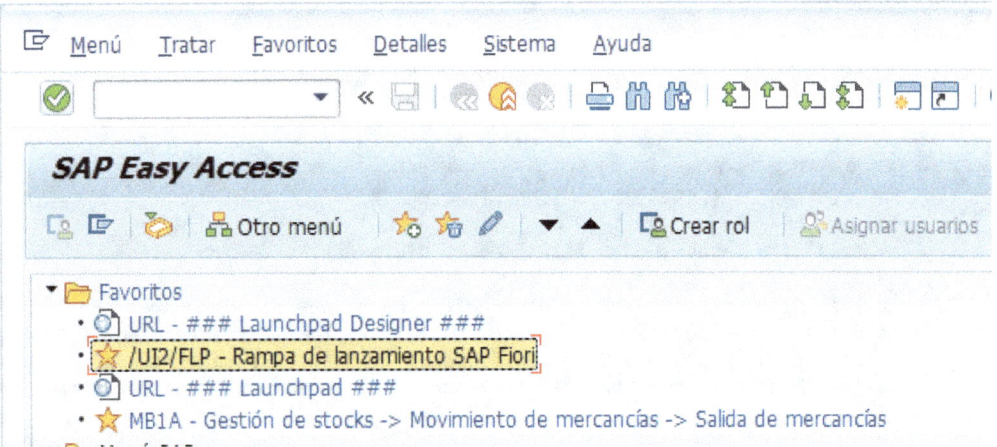

Para ingresar a Fiori, podemos usar dos modos: hacer doble clic en Favoritos en la rampa de lanzamiento, o desde la línea de comandos escribir la transacción **/n/ui2/flp** y presionamos ENTER.

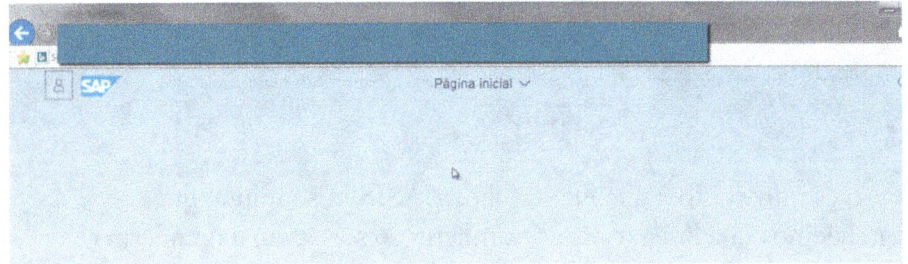

Esto nos lleva a un navegador en donde por primera vez, aparece vacío, pero está listo para desplegar nuestras Fioris. Aparece así porque aún no hemos dado de alta ningún rol para alguna app de Fiori.

Si no apareciera, pudiera ser necesario un paso más, que deberíamos revisar con nuestro consultor BASIS. Esto es, revisar un archivo que se llama **hosts** y que se encuentra en la siguiente ruta de nuestro equipo personal (esto es solo para equipos personales con sistema operativo Windows):

C:\Windows\System32\drivers\etc\hosts

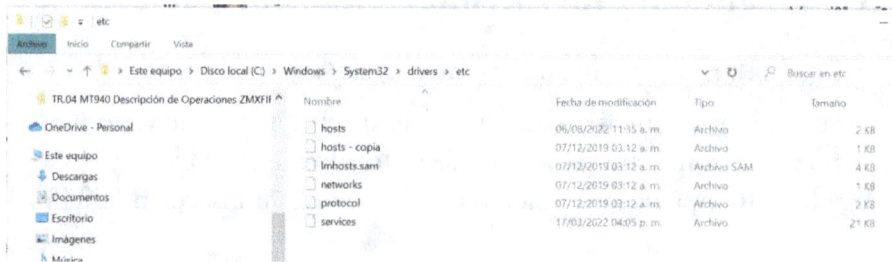

Si abrimos nuestro archivo original, luciría como esto:

```
hosts - copia: Bloc de notas
Archivo  Edición  Formato  Ver  Ayuda
# Copyright (c) 1993-2009 Microsoft Corp.
#
# This is a sample HOSTS file used by Microsoft TCP/IP for Windows.
#
# This file contains the mappings of IP addresses to host names. Each
# entry should be kept on an individual line. The IP address should
# be placed in the first column followed by the corresponding host name.
# The IP address and the host name should be separated by at least one
# space.
#
# Additionally, comments (such as these) may be inserted on individual
# lines or following the machine name denoted by a '#' symbol.
#
# For example:
#
#      102.54.94.97     rhino.acme.com          # source server
#       38.25.63.10     x.acme.com              # x client host

# localhost name resolution is handled within DNS itself.
#       127.0.0.1       localhost
#       ::1             localhost
```

Pero es muy posible que el consultor BASIS nos indique que agreguemos una línea (o varias) similares a estas al final de nuestro archivo hosts. Lo primero es sacar una copia del archivo, agregar las líneas en el nuevo hasta el final y dejarlo con ese nombre. Las líneas serían algo así como:

18.230.109.21 netproap.acme.com.mx   netproap

18.230.109.21 netdevap netdevap.acme.com.mx netsaprouter netdevpo netdevpo.acme.com.mx

18.230.109.21 netqasap.acme.com.mx netqassap

Obviamente la IP y los nombres dependerán de su cliente. Estas tres líneas son para que se tenga acceso a Fiori en cada mandante de mi ejemplo, que son productivo, desarrollo y calidad. Al final, en la ruta mencionada, nos quedarán dos archivos, el original sin estas líneas, como copia, y el nuevo archivo con las líneas agregadas, con el nombre hosts:

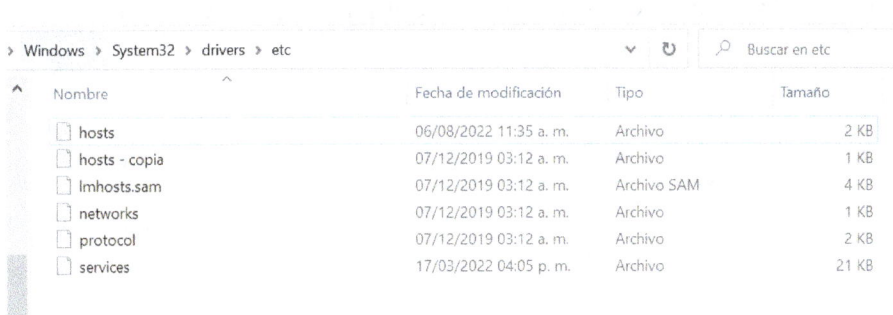

Cuando vayamos agregando nuestros roles de las apps de Fiori, veremos los mosaicos de una manera similar a la siguiente:

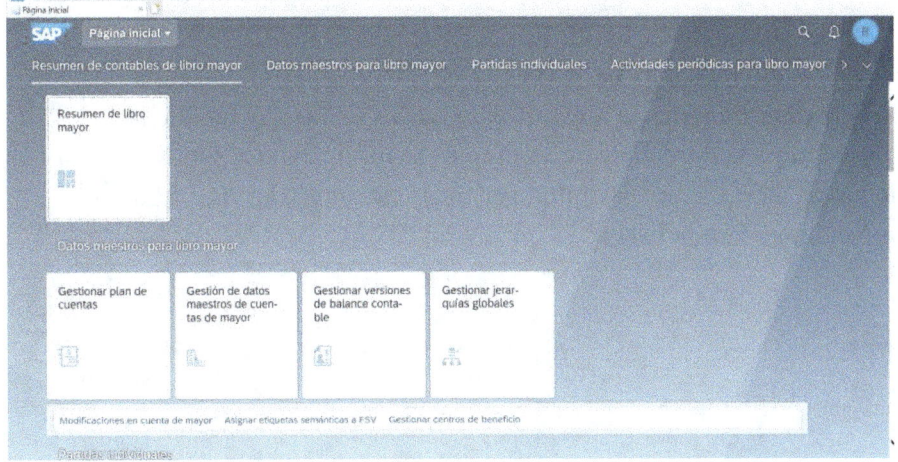

Estos mosaicos se van a dividir en grupos. En la parte superior, tenemos un menú de herramientas, que nos permite buscar aplicaciones.

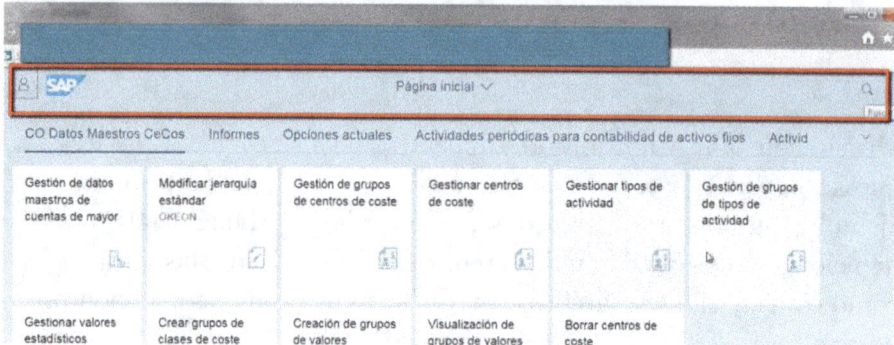

Podemos ver, si navegamos en la pantalla hacia abajo, que podemos tener muchas aplicaciones (en mi caso porque tengo muchos roles de Fiori asignados).

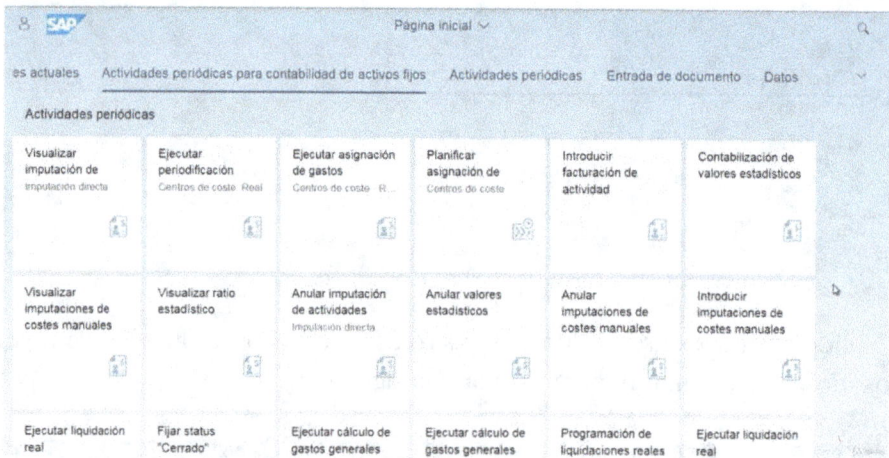

Después tenemos otra barra de tareas, que nos permite llegar a un **bloque determinado de apps**. Podemos ver una pequeña flecha apuntando a la derecha y otra apuntando hacia abajo al final de la barra de tareas, las que nos permiten ver más opciones a las desplegadas normalmente en la barra.

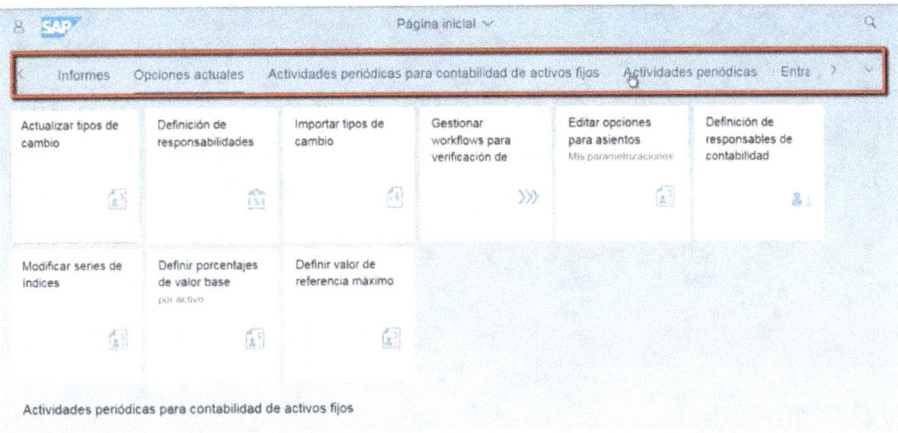

3.2 Aplicaciones existentes de SAP Fiori

Ahora vamos a entrar a una de las partes más interesantes que nos toca
realizar como consultores funcionales: echar a andar una aplicación de
Fiori estándar de SAP. Hasta ahorita, los pasos que seguimos fueron
mucho de la configuración que en los proyectos se le encarga al equipo
de BASIS para que la plataforma de Fiori funcione en el servidor del
cliente. Ahora vamos a ver cuáles son los pasos que debemos seguir
como funcionales para echar a andar una aplicación de Fiori específica
que necesita un cliente. Para esto, lo que recomiendo es ir a nuestro
explorador favorito, y buscar en la página de Google el siguiente criterio:
Fiori library. Aunque me gusta mucho hacer todo lo que escribo en
idioma español, les recomiendo que en este caso hagan la búsqueda en
inglés. En unos momentos más explicaré el por qué.

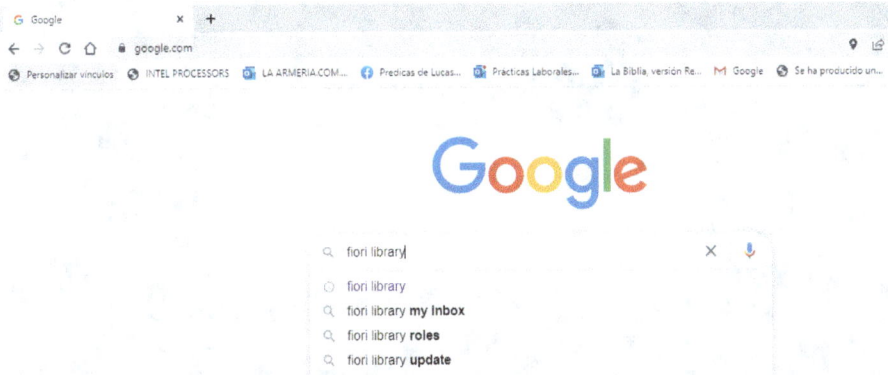

Una vez que buscan Fiori library, les aparecerá el siguiente resultado:

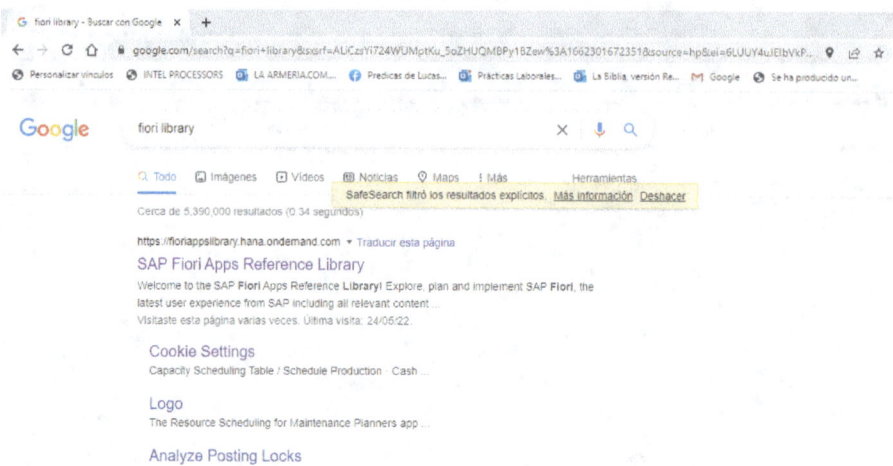

Lo que buscamos, es la primera liga encontrada, donde dice SAP Fiori Apps Reference Library (o introducir directamente la url https://fioriappslibrary.hana.ondemand.com) . Aunque pueden usar la liga en español al entrar, yo recomiendo que busquen su aplicación en inglés, ya que este es el idioma en que originalmente se documentaron las aplicaciones, y será más sencillo encontrar la aplicación exacta que buscan ya que, en otros idiomas, el browser usa machine learning o alguna otra herramienta de traducción, y luego las traducciones no son exactas y causa más problema encontrar la aplicación específica.

Así, al hacer clic en SAP Fiori Apps Reference Library, nos lleva a la siguiente página.

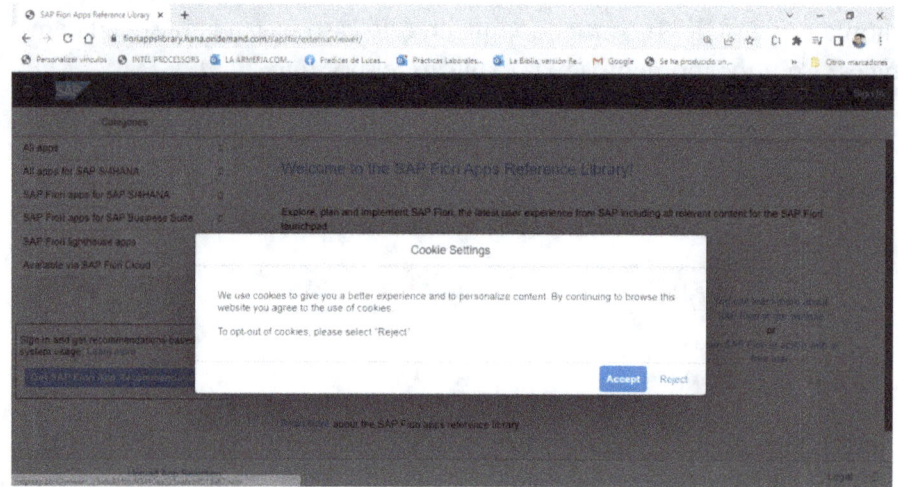

Aquí, aceptamos las cookies para poder navegar en la página de SAP sin problemas.

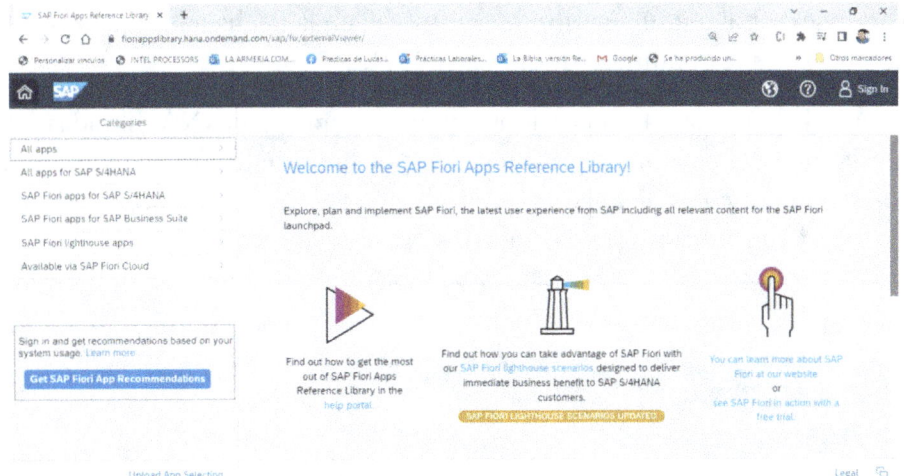

Si observamos la pantalla, del lado izquierdo tenemos un menú llamado Categories, en donde nos dividen las aplicaciones en una distinta categoría para facilitar el encontrar la aplicación que buscamos. La primera opción, es All apps, que si le damos clic, nos muestra, al día de hoy que escribo este libro, las 15,157 aplicaciones que SAP ya ha fiorizado.

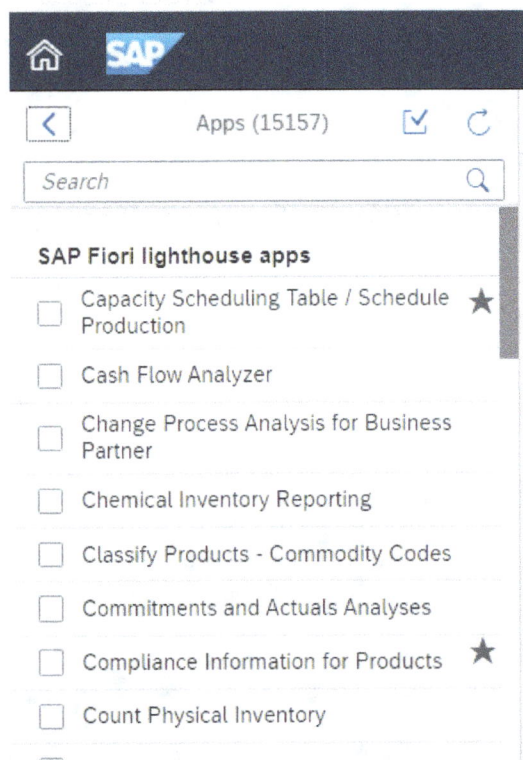

Para regresar al menú anterior, hacemos clic en la flecha a la izquierda de donde viene el número de Apps (15157).

Luego vienen todas las aplicaciones que son para S/4 HANA, filtradas por la suite del producto, que puede ser por línea de negocios, industria, roles, componentes de aplicación, productos del Back-End, por la versión del producto o por las mejores prácticas de SAP.

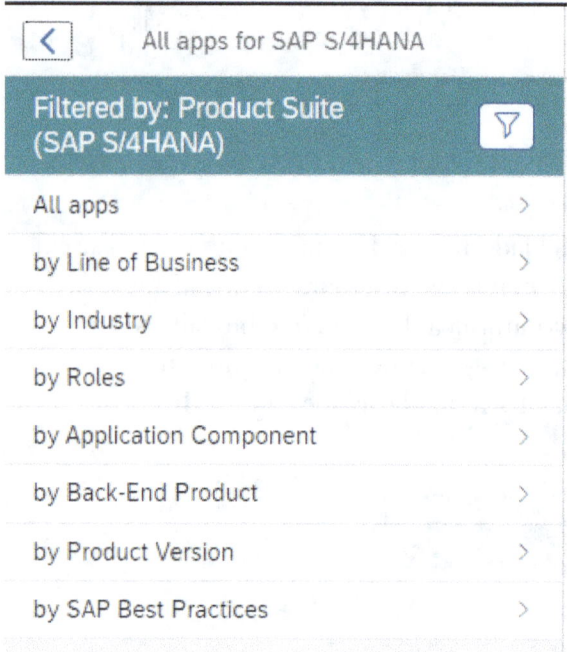

El siguiente filtro es para las aplicaciones SAP de Fiori para S/4 HANA.

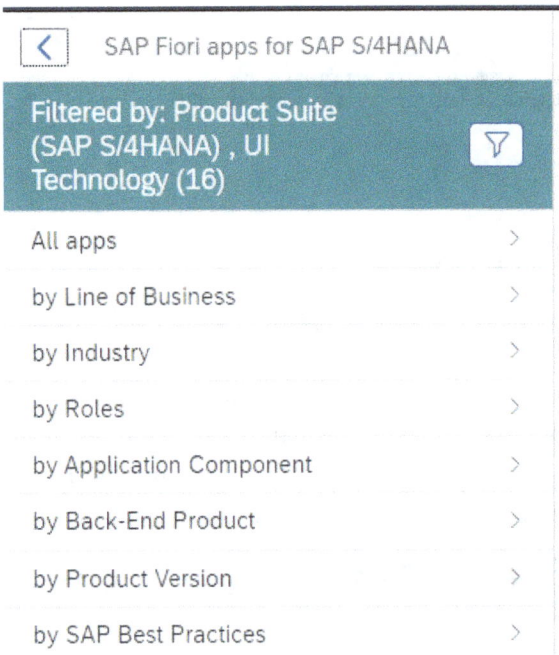

El siguiente filtro es para Aplicaciones SAP Fiori pero con SAP Business Suite, y también hay para SAP Fiori lighthouse y las que están disponibles solo para SAP Fiori Cloud.

Yo por lo regular entro a la primera opción, en donde vienen **TODAS** las aplicaciones, para no omitir ninguna, a menos que quieran encontrar una aplicación particular y se les facilite usar alguno de los otros filtros.

Si observamos en la parte superior derecha de nuestra pantalla, también podemos loggearnos en donde dice Sign In si ya tenemos una cuenta de SAP activa, y si tenemos alguna duda sobre el sitio, podemos hacer clic en el signo de interrogación a la izquierda del Sign In, e incluso podemos seleccionar otro idioma si hacemos clic en el icono del mundo a la izquierda del signo de interrogación, aunque como comenté hace unos momentos, yo prefiero hacerlo en inglés porque es más precisa la búsqueda.

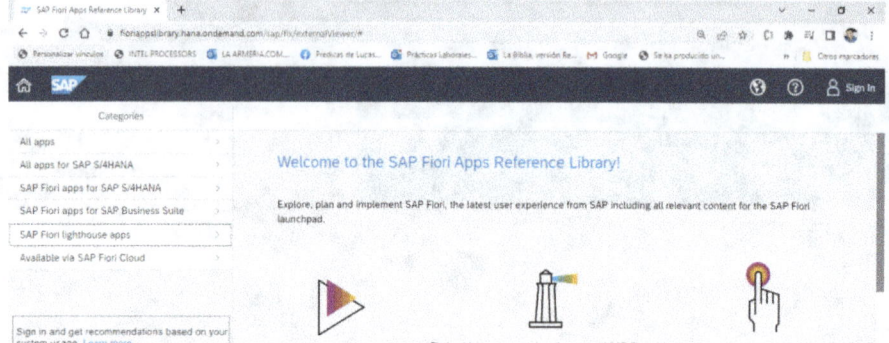

Si nos deslizamos hacia abajo, la página de Fiori te mostrará algunas de las fioris más comunes que pueden ser útiles para tu proyecto, es como la propaganda de lo que puedes encontrar en Fiori, pero es muy útil conocerlo ya que siempre tiene lo último que SAP recomienda.

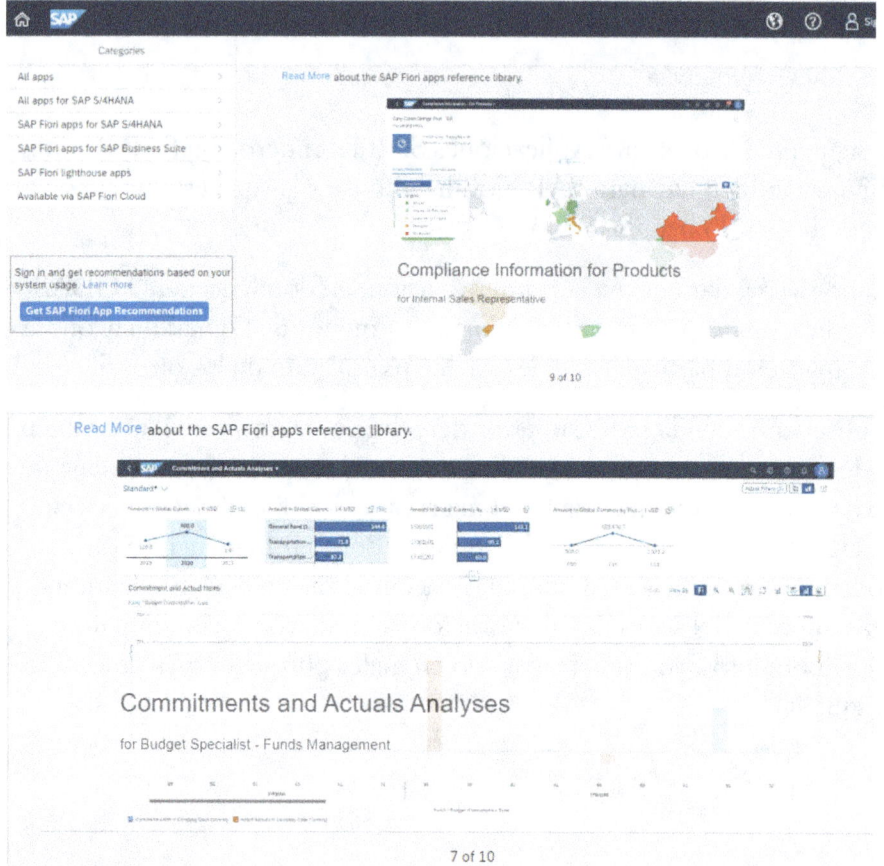

Yo sugiero que entremos mejor a la primera opción donde dice todas las aplicaciones (All apps) para encontrar la Fiori estándar que queramos configurar con nuestro cliente.

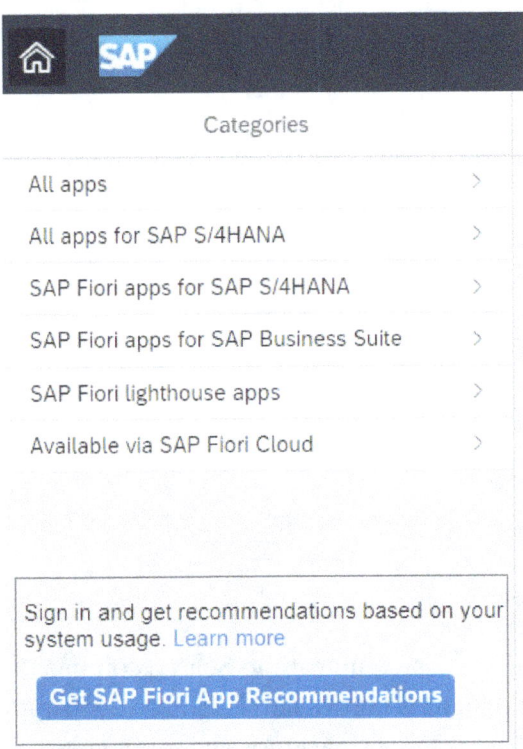

Lo primero, para entrar aquí, es saber exactamente qué transacción es la que buscamos, qué proceso de negocio, como funcional, es el que deseamos que se use en Fiori, y si lo queremos para su uso en un equipo Desktop, en una Tablet o en un teléfono inteligente. Por ejemplo, imaginemos que queremos crear un pedido de venta (Sales order) con la transacción VA01. Si vemos en el menú de All apps una vez que entramos, dice que hay 15,157 apps de Fiori. Pero esto no quiere decir necesariamente, que nuestra transacción VA01 ya haya sido fiorizada, ya que SAP constantemente está agregando cada día nuevas fioris a sus apps.

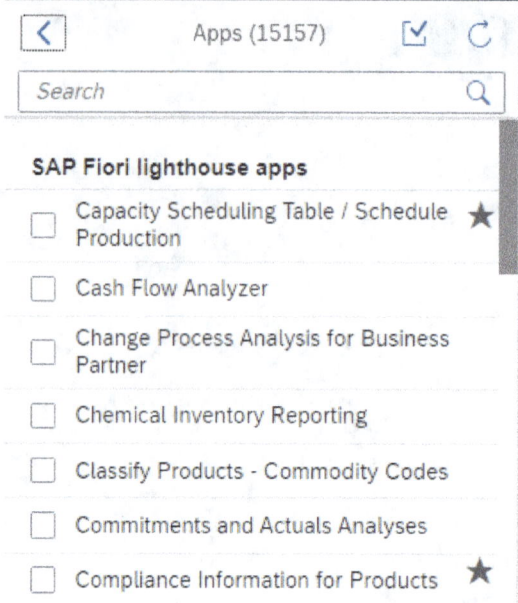

Debajo de la palabra Apps (15157) aparece un campo Search con una lupa a la derecha. Allí es donde debemos introducir el nombre de la app que nos interesa, por ejemplo, Sales Order y hacemos clic sobre la lupa.

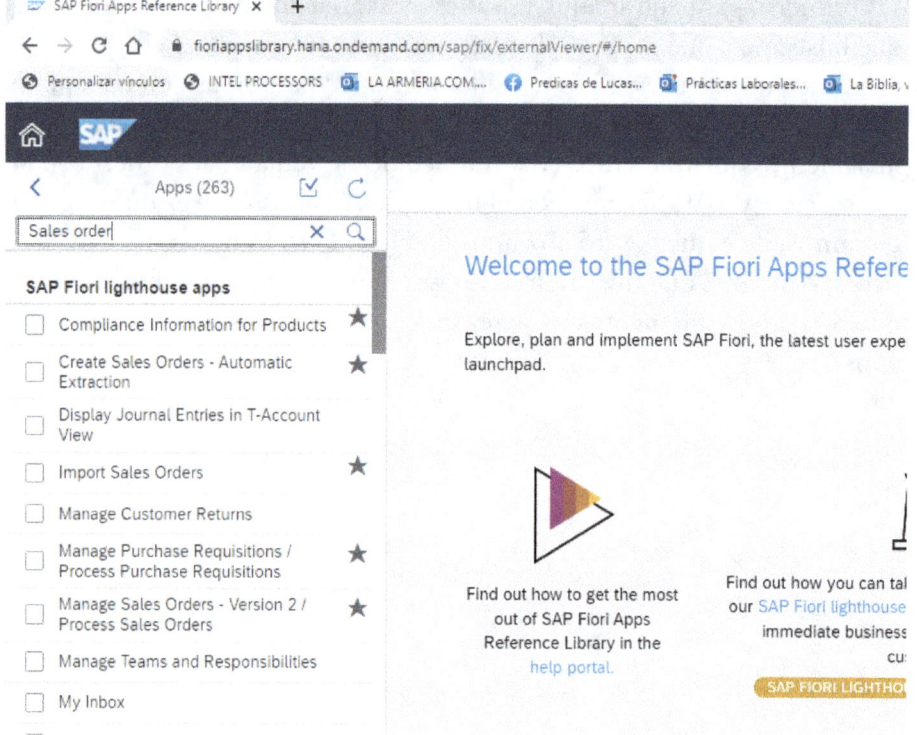

Podemos ver que nos encuentra entonces 263 aplicaciones relacionadas con las órdenes de venta. En este caso, nos podría interesar la segunda opción, Create Sales Orders – Automatic Extraction. Así que la seleccionamos, y observamos cómo cambia nuestra pantalla del lado derecho de la pantalla.

Aquí, nos aparece el título de nuestra app en la parte superior de la pantalla del lado derecho: Create Sales Orders – Automatic Extraction. Inmediatamente abajo, vemos dos rectángulos, en donde dice en qué tipo de SAP está disponible esta app: SAP S/4 HANA y SAP S/4HANA Cloud.

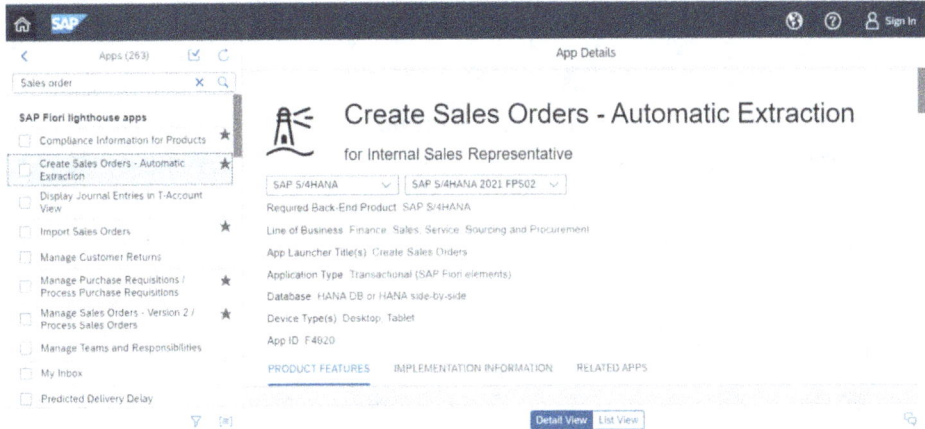

En otras palabras, si es On Premise o si es en la nube. Es muy importante que sepamos nosotros en qué versión está el SAP del cliente, si no, nuestra aplicación de Fiori no va a funcionar porque no está disponible en la versión correcta.

Create Sales Orders -

for Internal Sales Representative

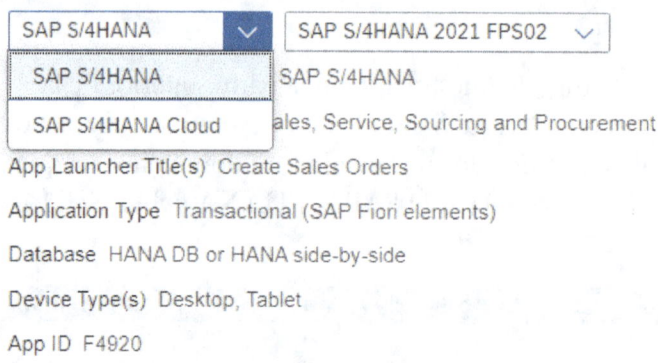

| SAP S/4HANA | ⌄ | SAP S/4HANA 2021 FPS02 | ⌄ |

SAP S/4HANA

SAP S/4HANA Cloud

SAP S/4HANA

~~ales,~~ Service, Sourcing and Procurement

App Launcher Title(s) Create Sales Orders

Application Type Transactional (SAP Fiori elements)

Database HANA DB or HANA side-by-side

Device Type(s) Desktop, Tablet

App ID F4920

En el rectángulo de la derecha, también nos dice para qué versión está disponible esta aplicación. En este caso, tenemos tres versiones disponibles: SAP S/4 HANA 2021, SAP S/4 HANA 2021 FPS01 y SAP S/4 HANA 2021 FPS02.

Create Sales Orders

for Internal Sales Representative

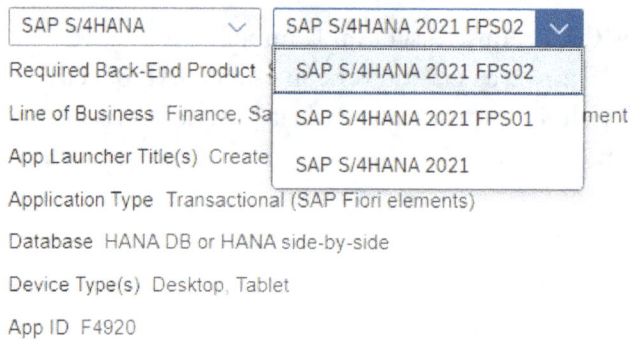

SAP S/4HANA   ⌄   SAP S/4HANA 2021 FPS02   ⌄

Required Back-End Product   SAP S/4HANA 2021 FPS02

Line of Business Finance, Sa[...]   ...ment
                                    SAP S/4HANA 2021 FPS01

App Launcher Title(s) Create
                                    SAP S/4HANA 2021

Application Type Transactional (SAP Fiori elements)

Database HANA DB or HANA side-by-side

Device Type(s) Desktop, Tablet

App ID F4920

Aquí posiblemente se preguntarán entonces si esta aplicación aplica para mi cliente o no. Para averiguarlo, en nuestro SAP GUI, vamos al menú Sistema→Status...

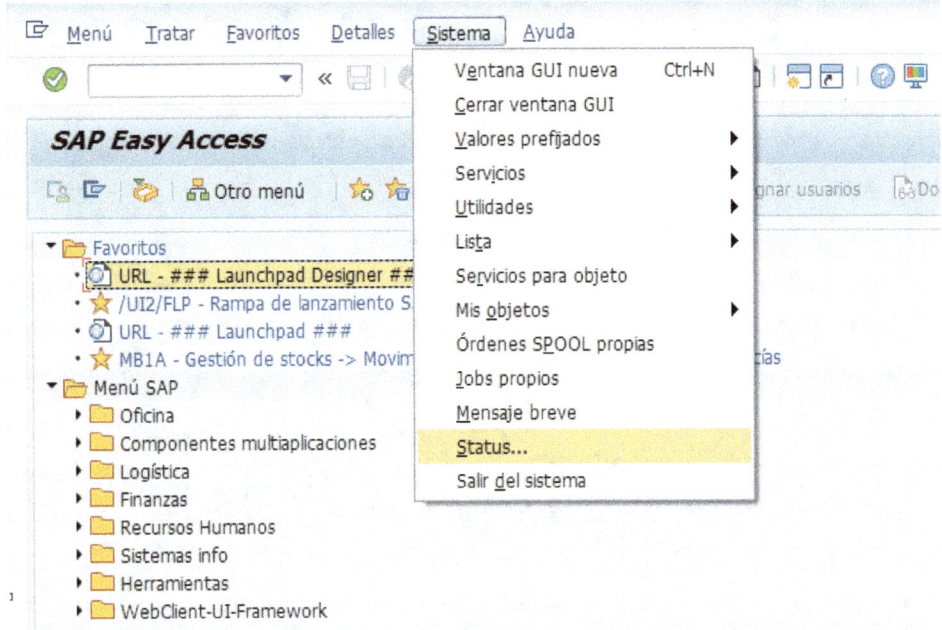

En la siguiente pantalla, vamos a donde dice Datos Sistema SAP, y hacemos clic en el ícono de la lupa.

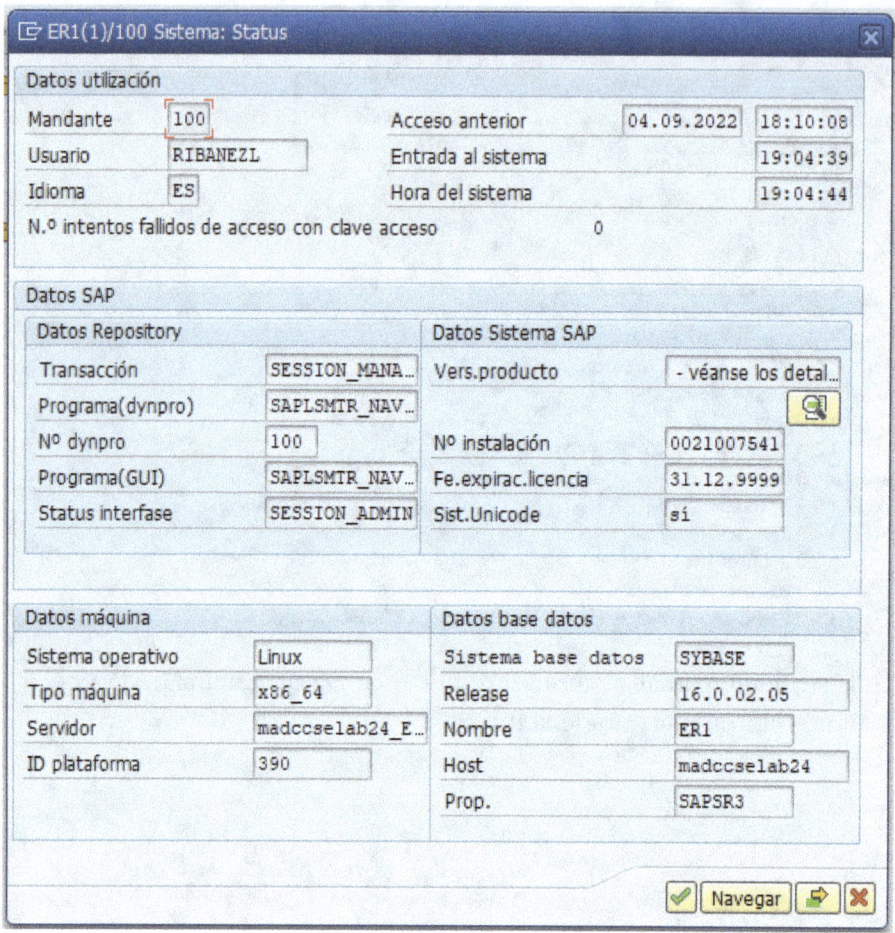

Aquí vemos que tenemos dos pestañas: Versiones de componentes software instalado, y Versiones producto instaladas. Si recordamos, en la sección 2.1 de este libro, para saber si nuestro sistema es compatible con Fiori, tenemos que encontrar los siguientes componentes dependiendo de la versión de nuestro SAP Netweaver:

SAP Netweaver menor a 7.4:

- GW_CORE
- IW_BEP
- IW_FND

SAP Netweaver mayor o igual a 7.4:

- SAP_GWFND

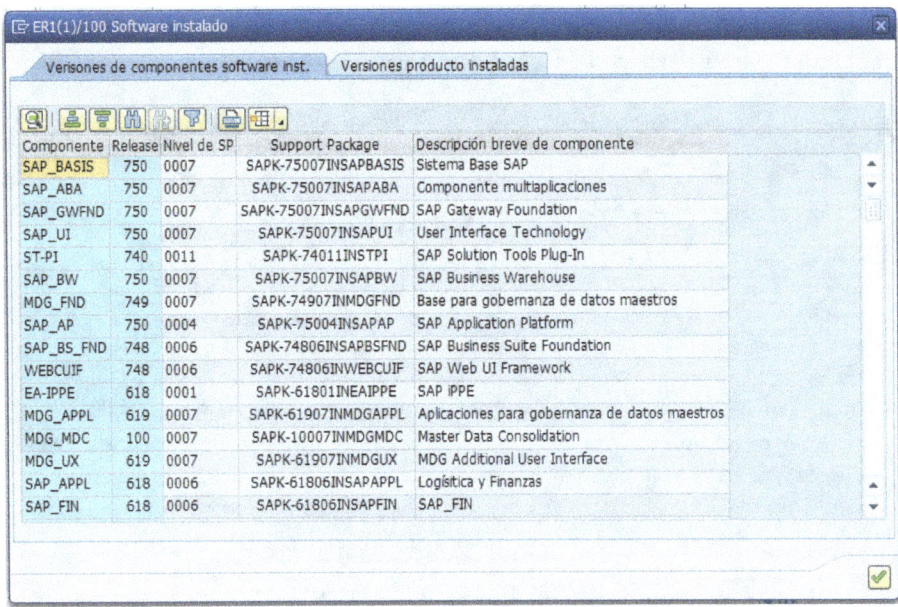

Aquí, de entrada vemos que ya existe el Componente SAP_GWFND 7.50.

Hacemos clic en esta segunda pestaña.

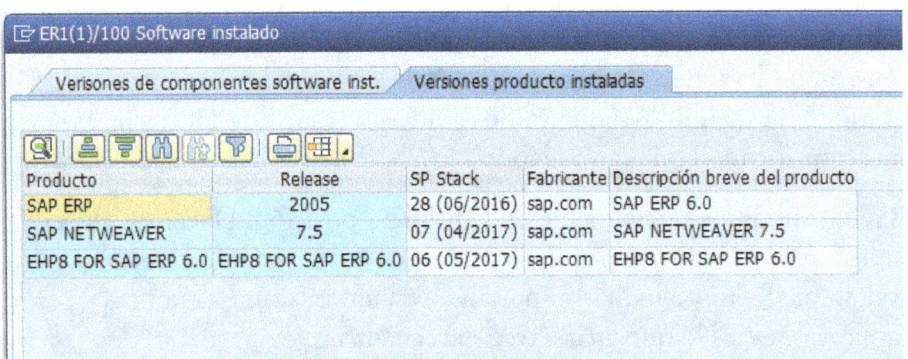

Aquí como vemos, nuestro servidor es un SAP Netweaver 7.5, y tenemos instalado el EHP8 (Enhancement Package 8 para ERP 6.0), por lo que la aplicación de Fiori que encontramos, no sería compatible con nuestro servidor actual, ya que la aplicación claramente dice que es para SAP S/4 HANA on premise o cloud 2021, y no tenemos ninguna de esas dos. Sin embargo, este servidor si soporta aplicaciones de Fiori, pero debemos encontrar las que apliquen para esta versión de SAP Netweaver, que es un sistema Linux, con base de datos SYBASE.

Para los ejemplos que vamos a ver, tenemos otro servidor en donde manejan la versión de S/4 HANA On Premise 2020, como vemos abajo.

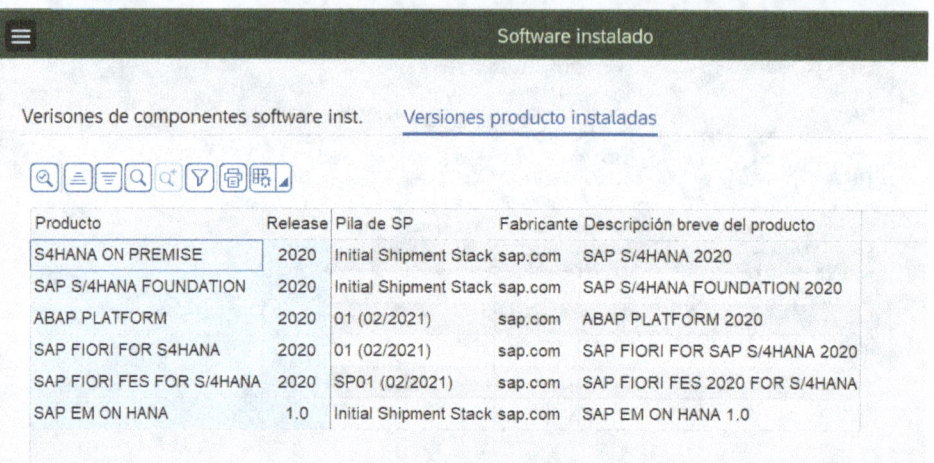

De cualquier manera, la aplicación de Fiori de Sales Order que buscamos previamente, tampoco aplicaría para este servidor, ya que tenemos la versión 2020 y la aplicación en cuestión, solo aplica de la versión 2021 en adelante.

Aquí tendríamos que descartar el usar esta aplicación, y buscar alguna otra que fuera análoga. Para cuestiones de este ejercicio, digamos que buscamos ahora la aplicación Carry Forward Balances (Arrastre de saldos, en español). Así que vamos a nuestra página de Fiori y la buscamos en todas las aplicaciones.

La encontramos rápidamente en la primera posición. Hacemos clic en la aplicación, y vemos como a la derecha nos despliega información relevante. Siempre lo más importante cuando buscamos nuestras aplicaciones, es lo que aparece en el recuadro rojo:

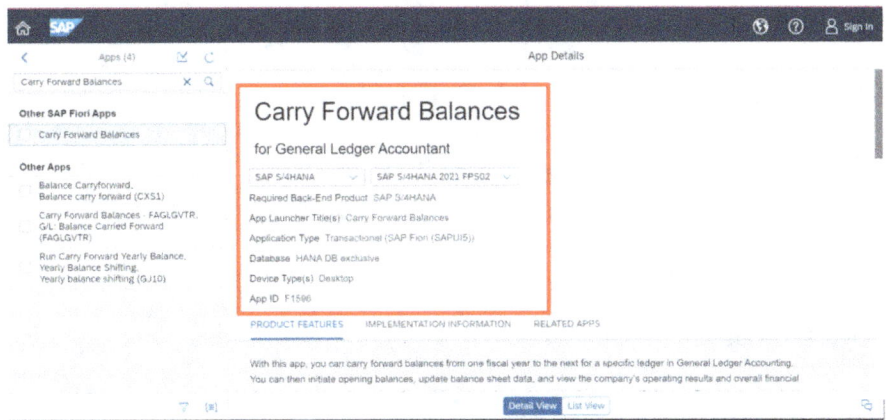

Aquí, como mencionamos antes, vemos para qué tipo de SAP esta disponible nuestra aplicación, y también para qué versión:

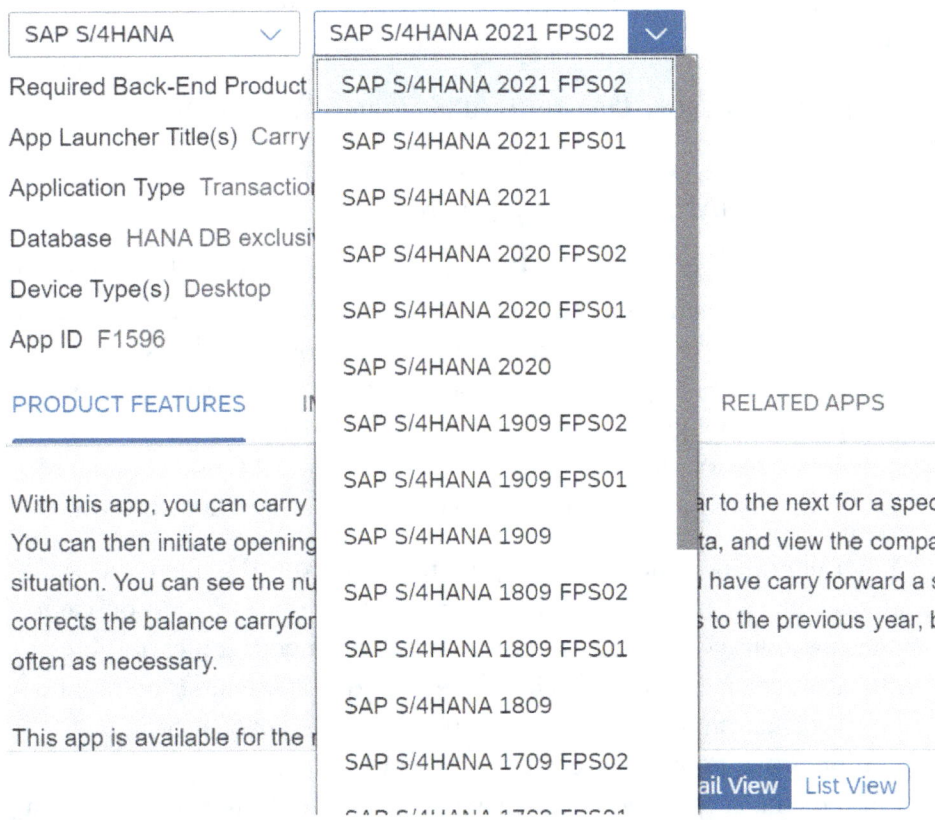

Podemos observar que en esta ocasión, nuestra aplicación sí soporta la versión **SAP S/4 HANA 2020**, que es la que tenemos en nuestro servidor (en el caso de nuestro ejemplo).

Además de esto, vemos también que menciona lo siguiente:

Required Back-End Product SAP S/4HANA

App Launcher Title(s) Carry Forward Balances

Application Type Transactional (SAP Fiori (SAPUI5))

Database HANA DB exclusive

Device Type(s) Desktop

App ID F1596

El producto requerido en el Back-End, que es SAP S/4 HANA, para lo que no tenemos problema ya que nuestro servidor es un S4HANA ON PREMISE 2020.

El nombre de nuestro Tile (Mosaico) o aplicación: Carry Forward Balances.

El tipo de aplicación: Transaccional (SAP Fiori (SAP UI5))

La base de datos que necesita: HANA DB Exclusive, que como tenemos S/4 HANA, no hay ningún problema.

El tipo de dispositivo (Device Type) Desktop. Esto quiere decir que esta aplicación corre únicamente en la web (puede ser equipo de escritorio o laptop), pero no está configurada para que funcione en tablets o celulares. Esto es importante de notar, porque a veces los clientes tienen la expectativa de que sus Fioris funcionen en un celular para tener mayor movilidad, pero si desde aquí estamos viendo que SAP no la configuró así, no hay manera de hacer que funcione en otro tipo de dispositivo.

Y por último, pero no menos importante, es el App ID, que para esta aplicación, es F1596. Esto es importante, pues a veces cuando buscamos nuestras aplicaciones de Fiori, no vienen exactamente con el nombre que aparece en el App Launcher Title, sino que al buscarlas en nuestra rampa de lanzamiento Fiori en el explorador, nos aparece con un nombre similar o muy parecido, pero para confirmar que es exactamente la aplicación de la cual encontramos su funcionalidad en la página de Fiori library, es importante que veamos su App ID. Por ejemplo, en el SAP GUI, todas las transacciones tienen un nombre y una descripción. La transacción para crear órdenes de venta, es la VA01.

La de creación de entregas, es la VL01, y para visualización de entregas, es la VL03, y para ver las facturas de venta, la VF03. Así, los nombres de las App ID en Fiori identifican de manera única a una aplicación, de la misma manera que las transacciones en el GUI identifican también a un proceso determinado.

Después de este breve resumen, lo siguiente en importancia es que para ver si la aplicación es la que requerimos, SAP nos da información importante al respecto en la página del Fiori Library, en las tres pestañas que siguen. Como buenos alemanes, la información siempre se lee en el siguiente orden: de arriba para abajo, de izquierda a derecha. En este orden, es como encontrará siempre la información relevante. Solo hay que tener en cuenta que ANTES DE COMENZAR A NAVEGAR POR LA INFORMACIÓN, es importante que seleccionemos en el cuadro rojo en los dos primeros cuadros, el tipo de nuestro SAP y su versión, para que la información que nos despliegue la biblioteca de fioris sea la apropiada para nuestro servidor de SAP.

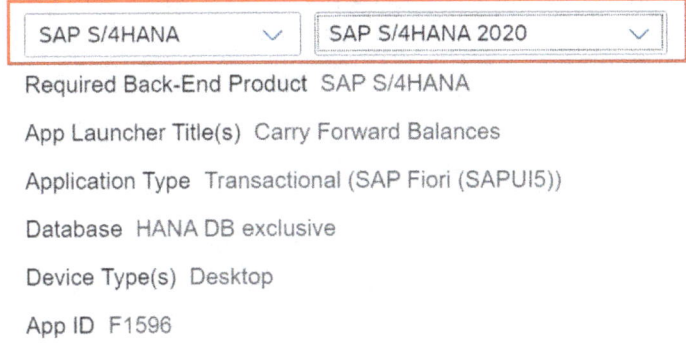

Las pestañas mencionadas para comenzar a empaparnos de la aplicación, son las de Product features, Implementation Information y Related Apps.

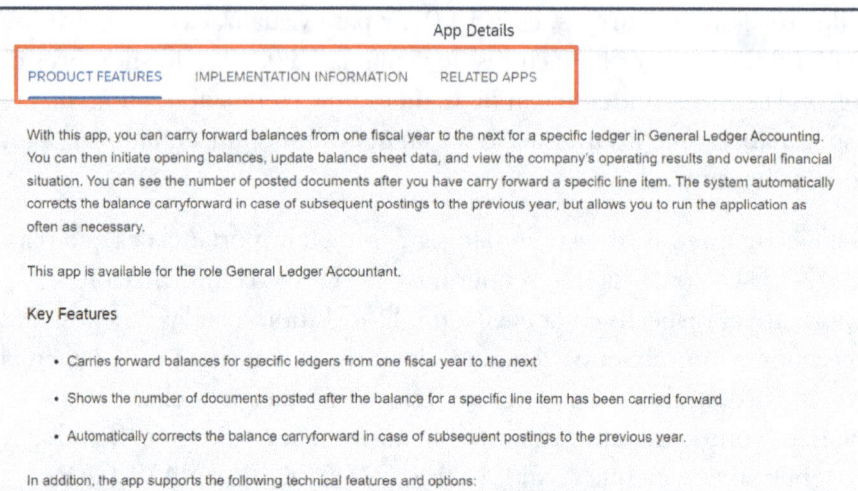

En Product Features veremos una descripción de la funcionalidad que incluye la aplicación en cuestión, y si deslizamos más abajo, encontraremos en la mayoría de los casos, ejemplos de cómo luce la aplicación en Fiori y breves ejemplos de lo que entrega y el alcance de la misma.

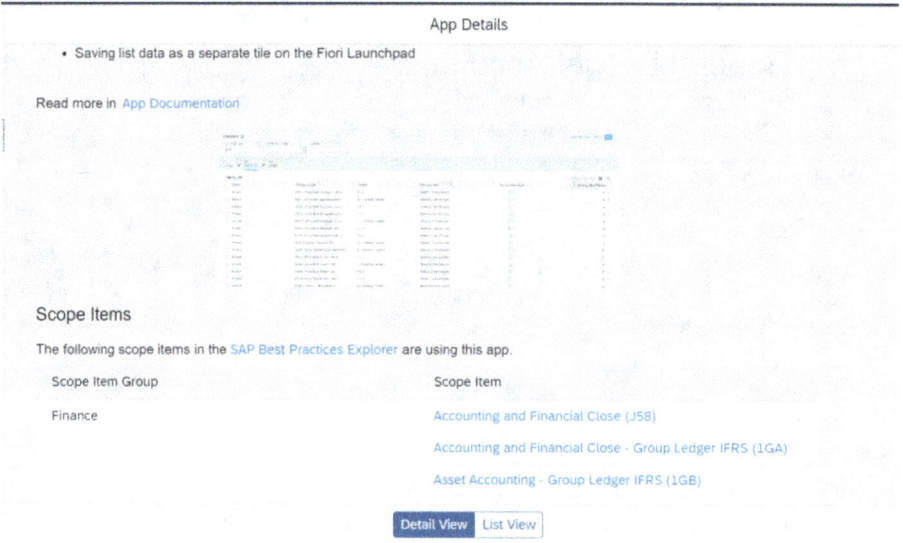

La siguiente pestaña, Implementation Information, es la que nos atañe más, pues es en ésta en donde encontraremos información relevante para la configuración en nuestro sistema de la aplicación de Fiori.

Como podemos observar, una vez más de arriba hacia abajo, tenemos las opciones de Notas importantes de SAP, Instalación, Configuración, Extensibilidad y Soporte.

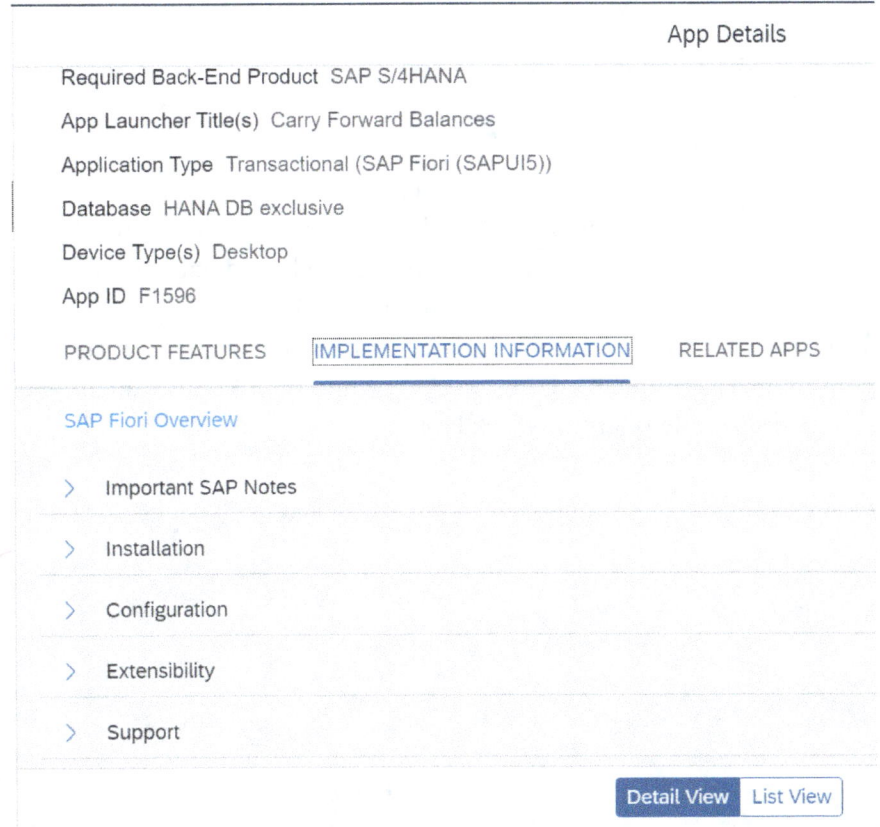

Si abrimos cada sección de arriba hacia abajo, tenemos que en la sección de notas importantes de SAP, encontraremos notas generales sobre la implementación de Fiori, tanto para el Front-End como para el Back-End, que usualmente aplica el área de BASIS. Es importante recalcar que cuando nuestro sistema está Incrustado (Embedded), solo aplican las notas relacionadas para el Back-End, ya que todo aplica en un solo servidor.

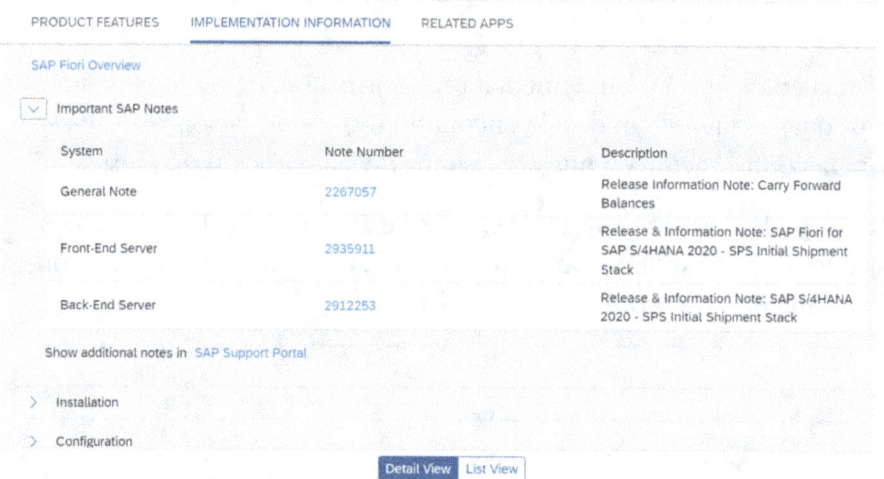

En la siguiente sección, de Instalación, nos va a dar información importante sobre la instalación de la aplicación, tanto para el Front-End como para el Back-End, cosas como la versión del producto, el stack del Support package, la versión de los componentes de software y prerrequisitos para la instalación. Esto es importante para validar que nuestra Fiori sea compatible con la versión y tipo de SAP que tenemos en el servidor donde queremos instalarla.

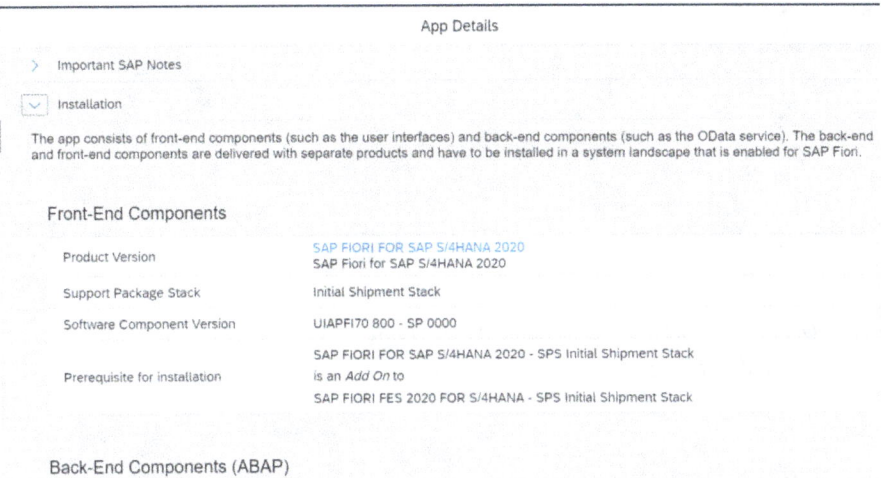

La siguiente sección es la de Configuración, que es la que más nos concierne a nosotros para poder echar a andar nuestras aplicaciones.

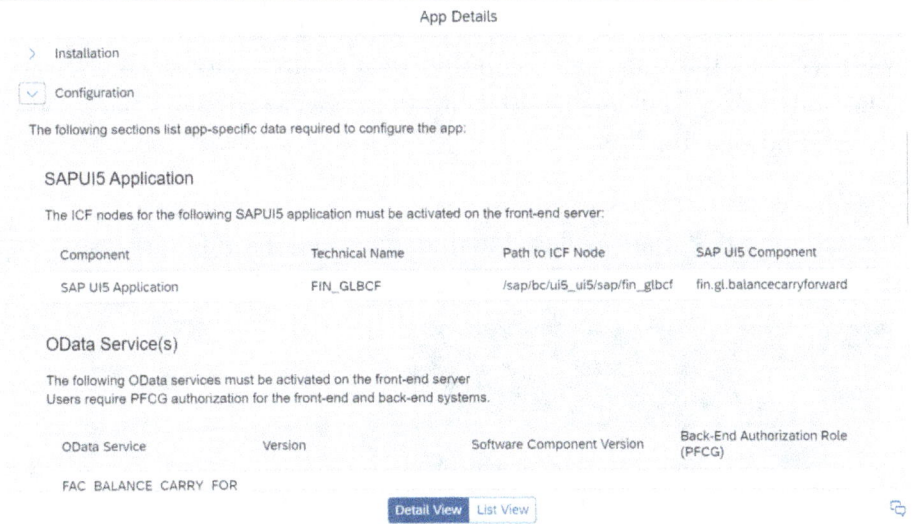

Por mejores prácticas de SAP, debemos verificar que tanto el servicio ICF (Internet Communication Framework) y los ODATA estén activos. Así que para nuestro ejemplo, tomamos nota, ya que con esto iremos formando una memoria técnica para el proyecto en el que estemos trabajando, similar al layout siguiente:

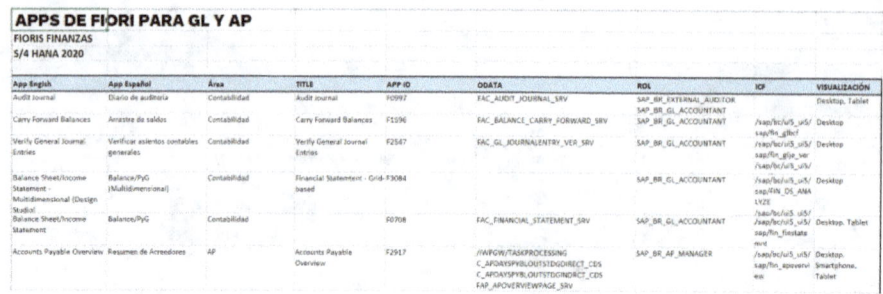

APPS DE FIORI PARA GL Y AP
FIORIS FINANZAS
S/4 HANA 2020

App English	App Español	Área	TITLE	APP ID	ODATA	ROL	ICF	VISUALIZACIÓN
Audit Journal	Diario de auditoría	Contabilidad	Audit Journal	F0997	FAC_AUDIT_JOURNAL_SRV	SAP_BR_EXTERNAL_AUDITOR		Desktop, Tablet
Carry Forward Balances	Arrastre de saldos	Contabilidad	Carry Forward Balances	F1596	FAC_BALANCE_CARRY_FORWARD_SRV	SAP_BR_GL_ACCOUNTANT	/sap/bc/ui5_ui5/sap/fin_glbcf	Desktop
Verify General Journal Entries	Verificar asientos contables generales	Contabilidad	Verify General Journal Entries	F2547	FAC_GL_JOURNALENTRY_VER_SRV	SAP_BR_GL_ACCOUNTANT	/sap/bc/ui5_ui5/sap/fin_glje_ver /sap/bc/ui5_ui5/	Desktop
Balance Sheet/Income Statement - Multidimensional (Design Studio)	Balance/PyG (Multidimensional)	Contabilidad	Financial Statement - Grid- based	F3084		SAP_BR_GL_ACCOUNTANT	/sap/bc/ui5_ui5/ sap/FIN_DS_ANA LYZE	Desktop
Balance Sheet/Income Statement	Balance/PyG	Contabilidad		F0708	FAC_FINANCIAL_STATEMENT_SRV	SAP_BR_GL_ACCOUNTANT	/sap/bc/ui5_ui5/ sap/fin_finstate ment	Desktop, Tablet
Accounts Payable Overview	Resumen de Acreedores	AP	Accounts Payable Overview	F2917	//WPGW/TASKPROCESSING C_APDAYSPYBLOUTSTDGDIRECT_CDS C_APDAYSPYBLOUTSTDGINDIRECT_CDS FAP_APOVERVIEWPAGE_SRV	SAP_BR_AP_MANAGER	/sap/bc/ui5_ui5/ sap/fin_apovervi ew	Desktop, Smartphone, Tablet

Si vemos, en la Fiori Library, tenemos la siguiente sección para la aplicación que seleccionamos:

Component	Technical Name	Path to ICF Node	SAP UI5 Component
SAP UI5 Application	FIN_GLBCF	/sap/bc/ui5_ui5/sap/fin_glbcf	fin.gl.balancecarryforward

Esta ruta, /sap/bc/ui5_ui5/sap/fin_glbcf, es la que necesitamos guardar para nuestra memoria técnica y para verificar que está funcionando el servicio. Recordemos que hay dos partes en nuestra Fiori, los ODATA, que son los programas y métodos que realizan el trabajo en el Back-End, y los servicios ICF, que son los que vinculan las aplicaciones en el Front-End con el Back-End. Si alguno de los dos no está activo, la aplicación de Fiori no va a funcionar.

Así que, el primer paso, es verificar en nuestro servidor con la transacción **SICF** que la aplicación que muestra el Fiori library, esté activo. Vamos a la transacción **SICF** en nuestro SAP:

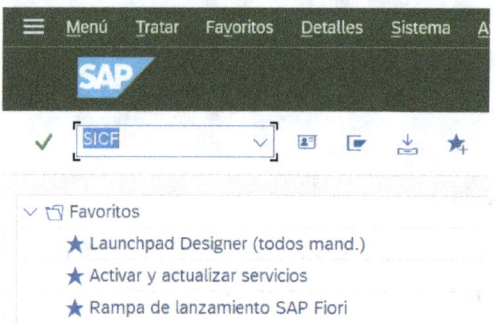

Aquí, en el campo Vía de acceso servicio, pegamos nuestra ruta del nodo ICF del Fiori library, /sap/bc/ui5_ui5/sap/fin_glbcf, y ejecutamos:

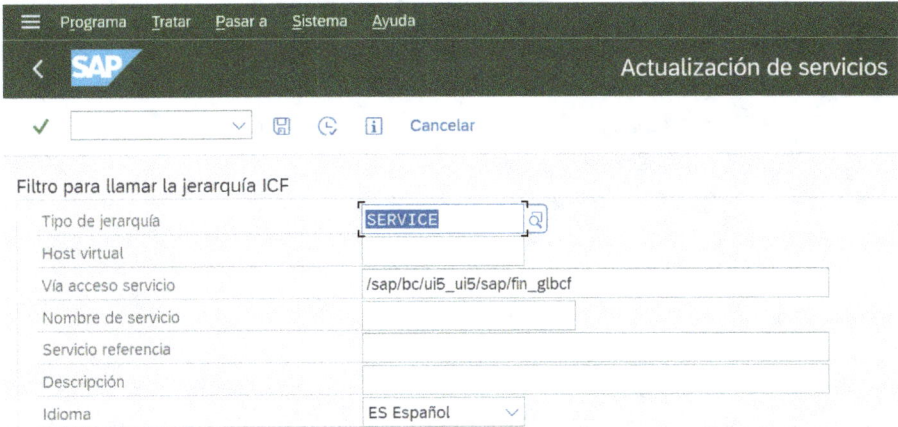

Aquí, vemos en la siguiente figura cómo sí encuentra nuestro servicio.

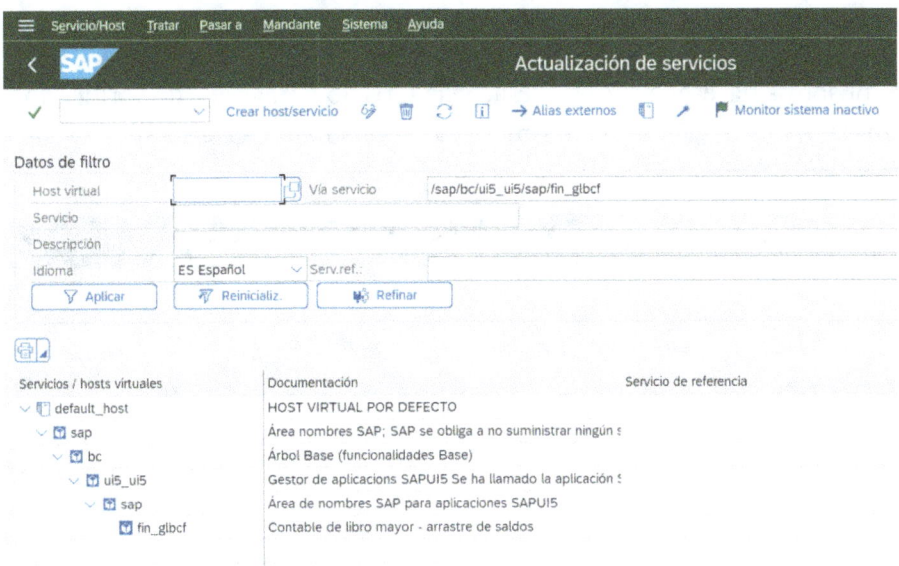

Si hacemos clic derecho en el nombre al final del nodo, fin_glbcf, vemos como la opción Activar servicio aparece en gris (disminuida), para indicar que está activo el servicio, y debajo de esa opción, tenemos la de Desactivar servicio.

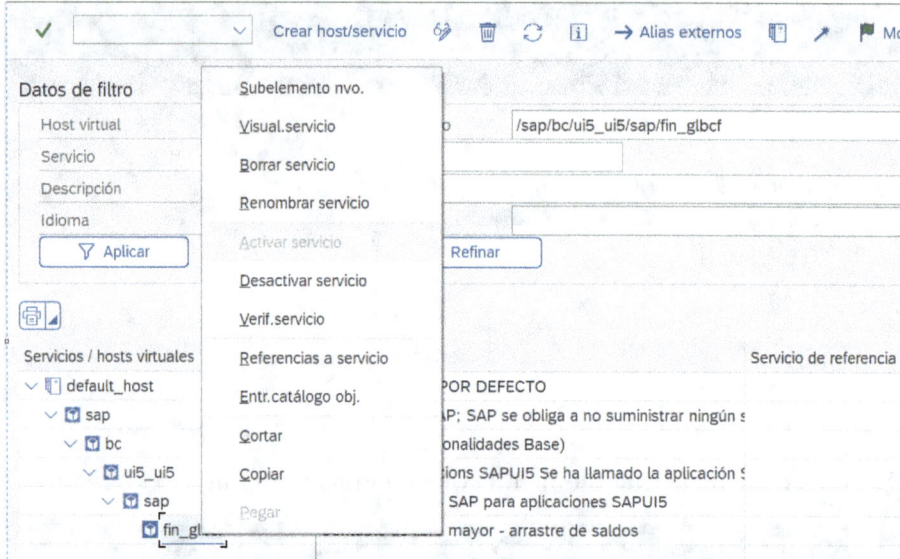

Si nosotros hacemos clic en Desactivar servicio y tratamos de verificarlo con la opción Verif.servicio, veremos que nos marca el siguiente mensaje.

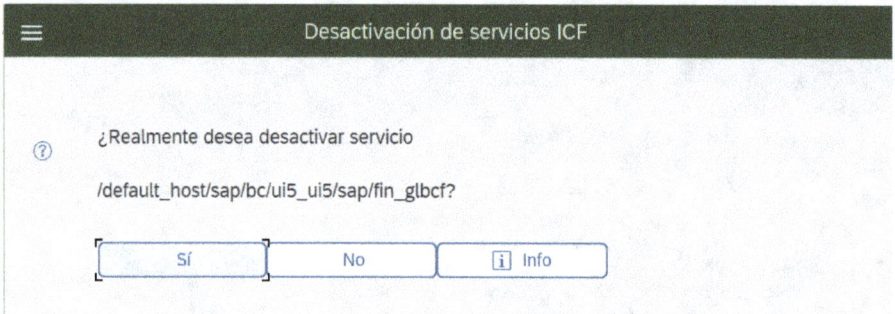

Le decimos que sí, que lo vamos a desactivar, y luego hacemos clic derecho de nuevo en nuestro nodo y hacemos clic en Verif.servicio, y nos da el siguiente error:

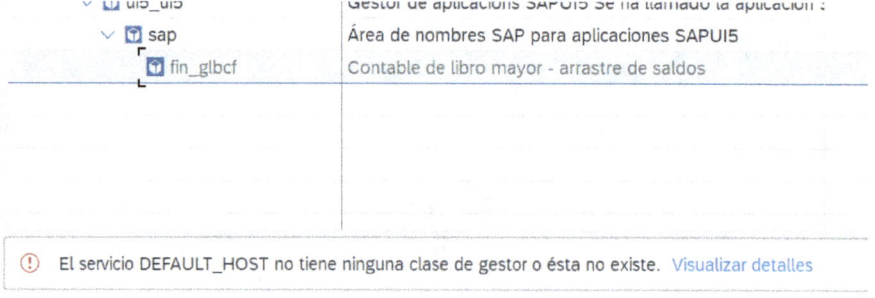

Si activamos de nuevo nuestro servicio,

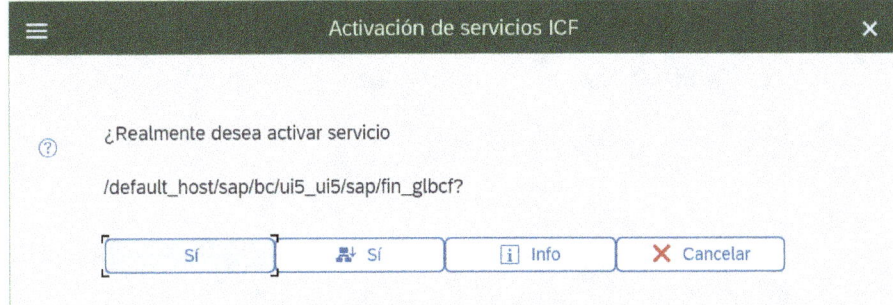

Le decimos que sí, y nuevamente en el nodo de nuestro servicio fin_glbcf damos clic derecho y en Verif.servicio, tenemos:

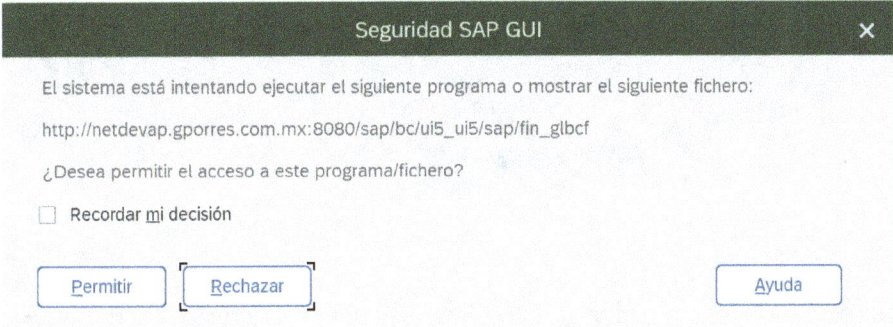

Hacemos clic en Permitir, y ahora en Verif.servicio:

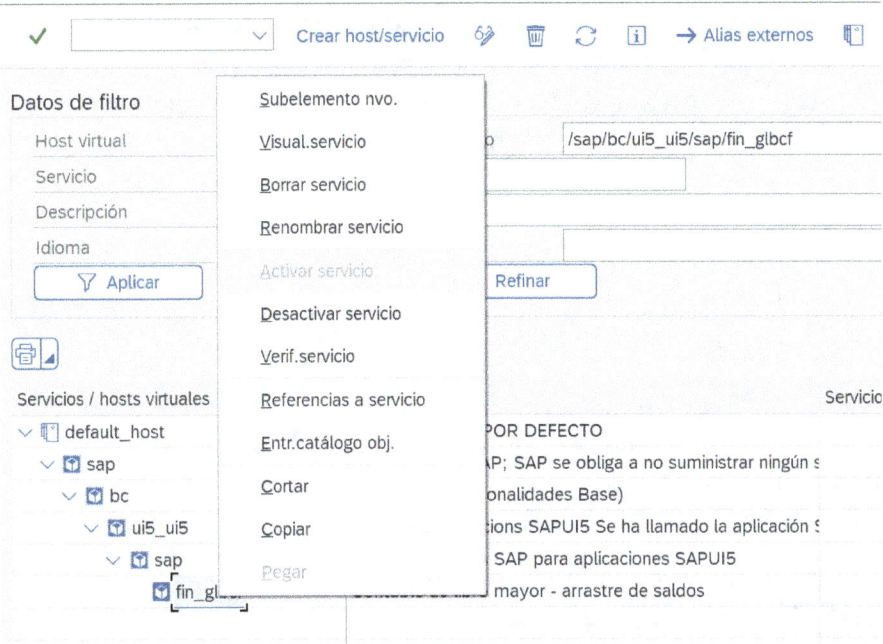

Nos pide nuestro usuario y contraseña:

SAP NetWeaver

⚠ No se ha conmutado a HTTPS. El envío de la clave no es seguro.

Sistema:	SPQ
Mandante:*	400
Usuario:*	ribañez
Clave de acceso:*	••••••••••••
Idioma:	Español ⌄
	☐ Accesibilidad

Acceder al sistema

Modificar clave acceso

Hacemos clic en Acceder al sistema y nos envía un mensaje de que está Ok.

Con esto verificamos que nuestro servicio ICF está trabajando correctamente. El siguiente paso ahora es ver si el programa del ODATA está funcionando bien. Buscamos la documentación del ODATA en el Fiori library, y tenemos:

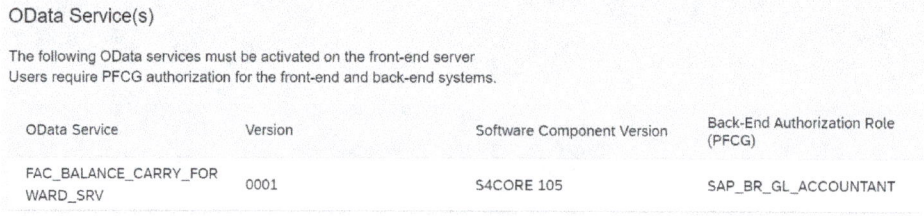

OData Service(s)

The following OData services must be activated on the front-end server
Users require PFCG authorization for the front-end and back-end systems.

OData Service	Version	Software Component Version	Back-End Authorization Role (PFCG)
FAC_BALANCE_CARRY_FOR WARD_SRV	0001	S4CORE 105	SAP_BR_GL_ACCOUNTANT

Aquí vemos que nuestro servicio ODATA (que debemos agregar a nuestra memoria técnica) es el
FAC_BALANCE_CARRY_FORWARD_SRV.

Así que en nuestro SAP, introducimos la transacción
/n/IWFND/MAINT_SERVICE.

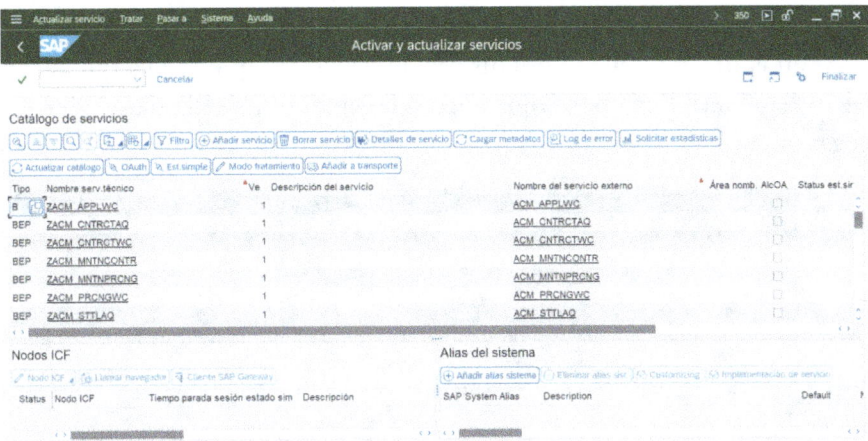

Una vez aquí, hacemos clic en el ícono del embudo para filtrar, añadiendo un * al inicio y al final del nombre de nuestro servicio ODATA en el campo Nombre serv.técnico:

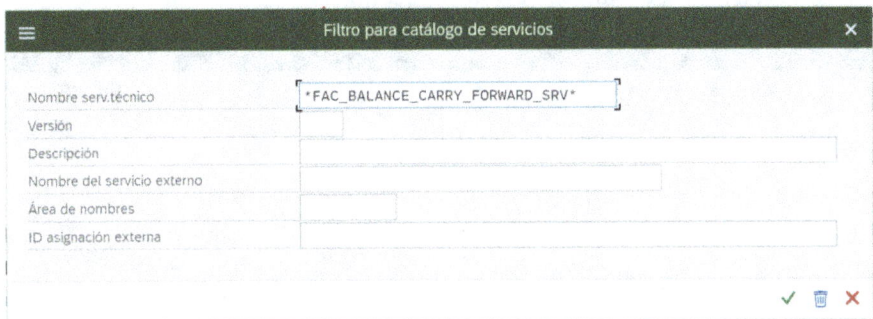

Presionamos ENTER y tenemos:

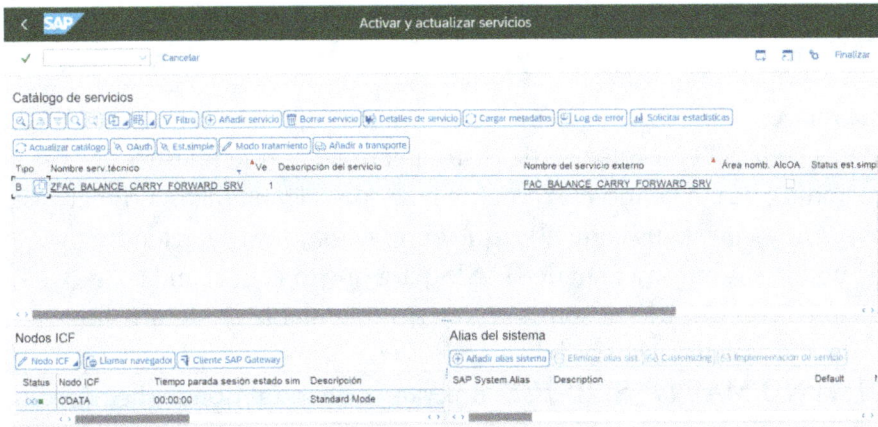

Vemos que ya encontró nuestro servicio, pero con nombre Z al inicio (esto es muy común, aunque puede variar un poco dependiendo de la convención que use el administrador BASIS al dar de alta los servicios). Vemos en la imagen, que el estatus está en verde, lo que indica que el servicio está bien. Pero podemos hacer clic en el botón Llamar navegador:

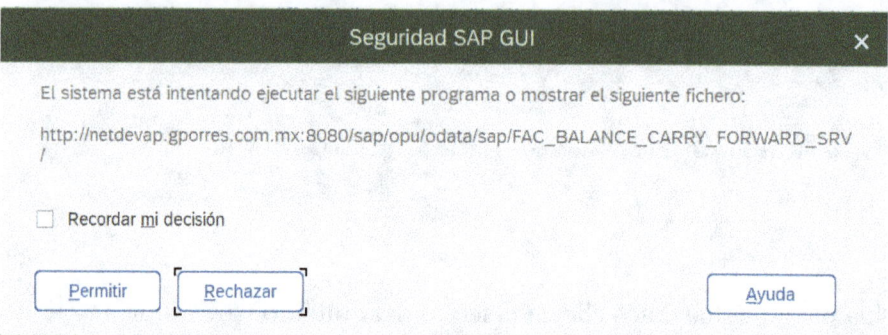

Hacemos clic en Permitir, y en la siguiente pantalla, seleccionamos el método GET y presionamos el botón Ejecutar:

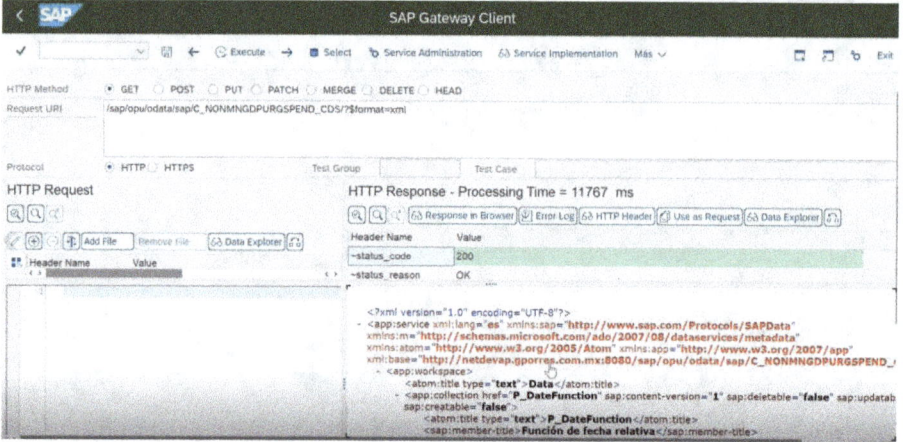

Una imagen similar a esta aparecerá, respondiendo con un archivo XML y status code 200 en color verde. Esto quiere decir que nuestro programa está corriendo correctamente. Si por alguna razón no fuera así, recibiríamos un status code 404, que el servicio no existe, y tendríamos que notificar a nuestra área de BASIS para que lo eche a andar, o podemos configurarlo nosotros en nuestro mandante de desarrollo, yendo a la pantalla principal de la transacción **/n/IWFND/MAINT_SERVICE**, nos vamos al botón donde dice Añadir servicio.

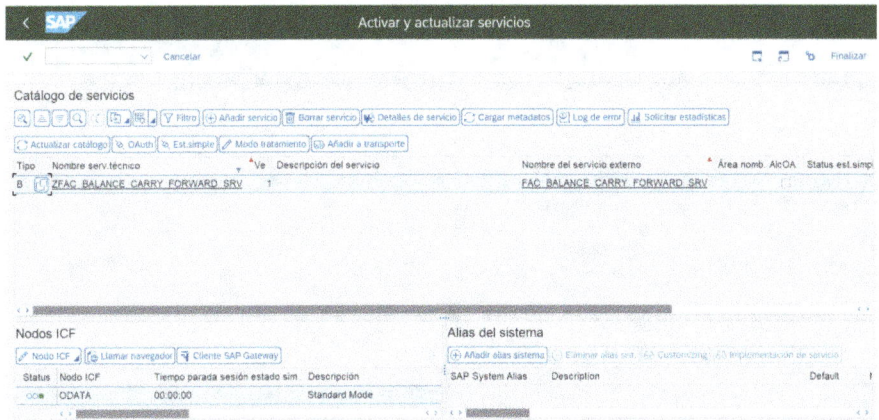

Y aquí, agregaríamos el servicio ODATA de la siguiente manera, en Alias de sistema lo común es poner el nombre LOCAL, aunque depende de nuestra configuración como mencionamos en las secciones de arriba.

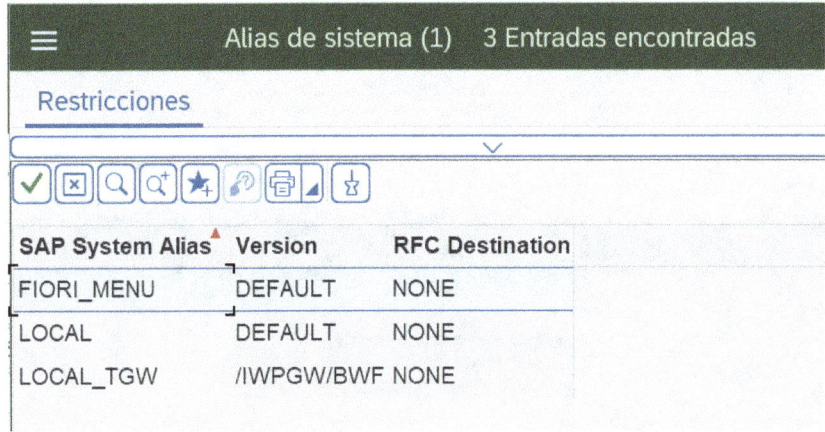

En el campo Nombre serv.técnico, ponemos el nombre del ODATA que encontramos en la página de Fiori library, en nuestro caso, FAC_BALANCE_CARRY_FORWARD_SRV, y queda como sigue:

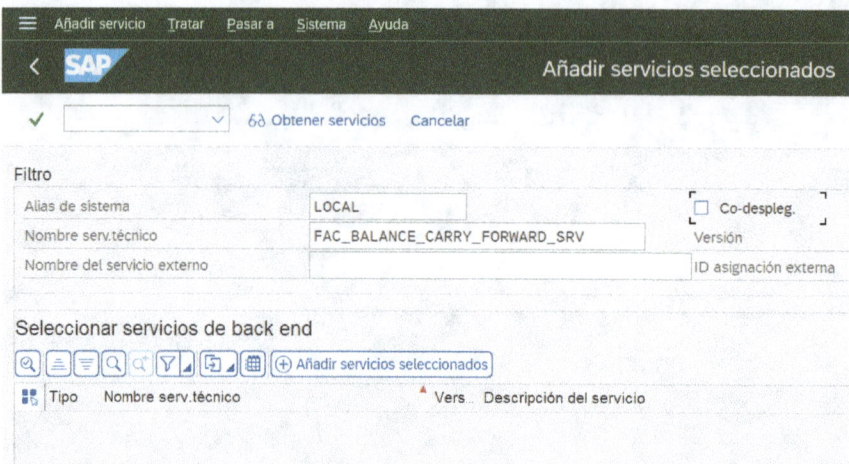

Presionamos ENTER y nos regresa el siguiente mensaje (porque aquí ya lo teníamos, si no, lo agregaría):

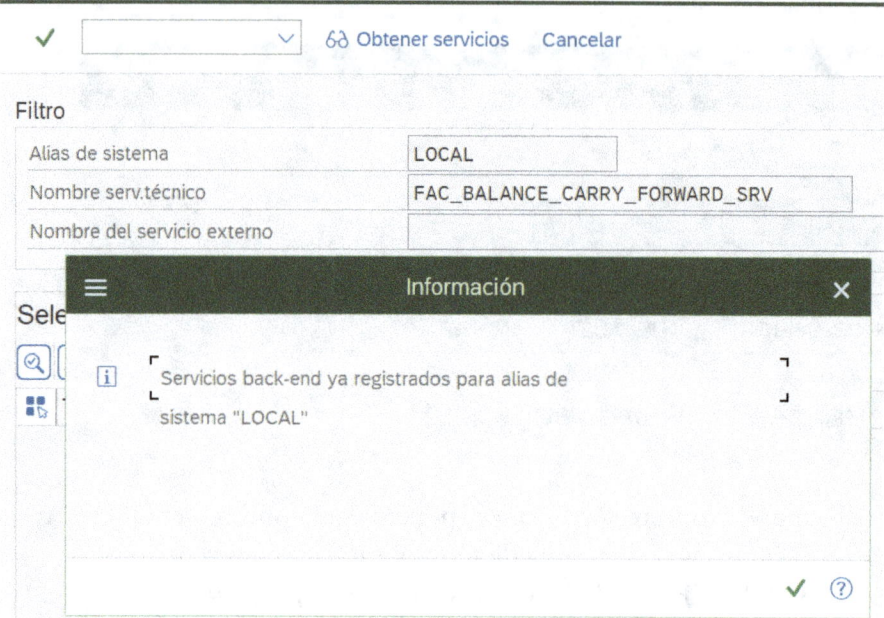

Con esto confirmamos que ya nuestro servicio está funcionando. Solo es importante notar, que en algunas compañías les van a decir que si un servicio ODATA no se encuentra, que le digan al equipo de BASIS que lo agregue, pero en realidad, un funcional, si se lo permiten, también podría hacer esta tarea.

Nuestro siguiente paso, es identificar el ROL para nuestra aplicación Fiori en la Fiori library. Para nuestro ejemplo, encontraremos algo como esto:

App Details

Business Catalog(s)   Extend Apps Selection

Business Catalog   Business Catalog Description

SAP_SFIN_BC_GL_CLOSING   General Ledger - Closing

Business Group(s)

Business Group   Business Group Description

SAP_SFIN_BCG_GL_PERIOD_ACT   Periodic Activities for General Ledger

Business Role(s)   Extend Apps Selection

Business Role   Business Role Description

SAP_BR_GL_ACCOUNTANT   General Ledger Accountant

Nuestro rol, que anotaremos para nuestra memoria técnica, se llama
SAP_BR_GL_ACCOUNTANT. Una vez que lo identificamos, vamos a
nuestro SAP y corremos la transacción SU01 para nuestro usuario:

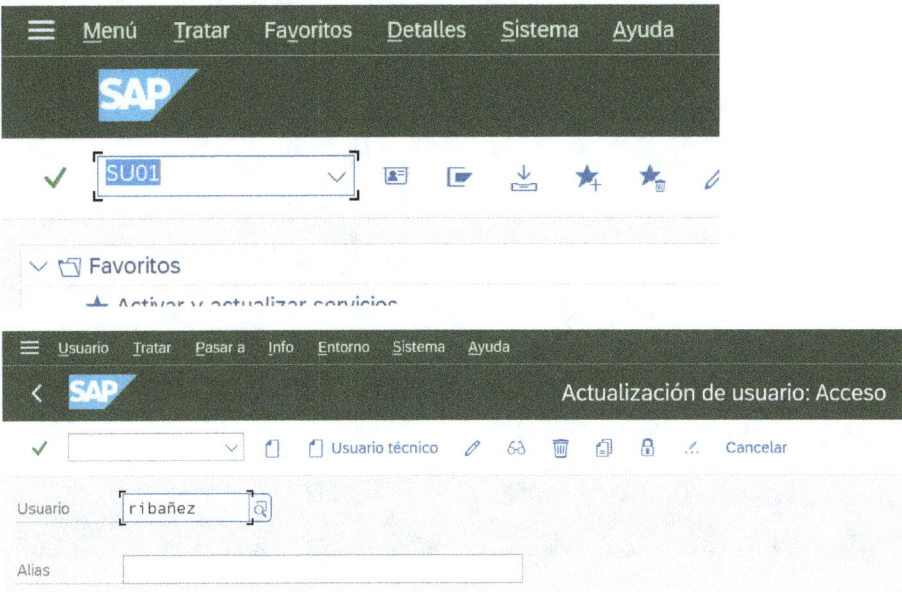

Aquí, hacemos clic en lápiz para modificar los roles de nuestro usuario
(o del usuario al que queramos agregarle la aplicación de Fiori):

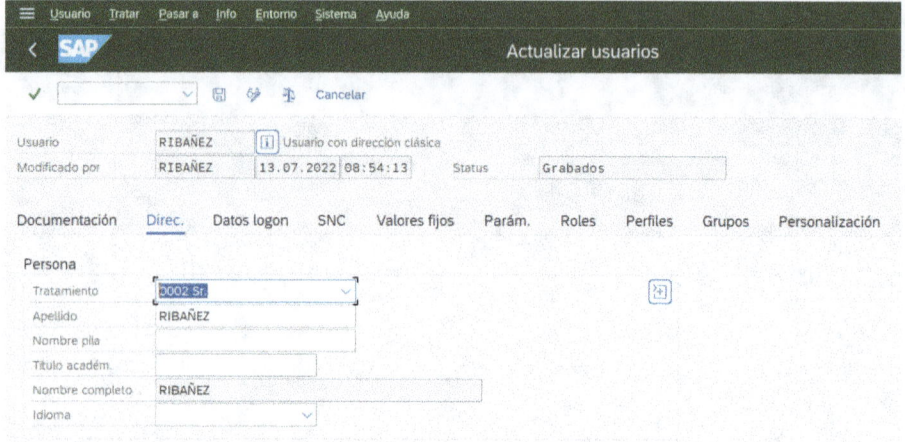

Vamos a la pestaña de Roles:

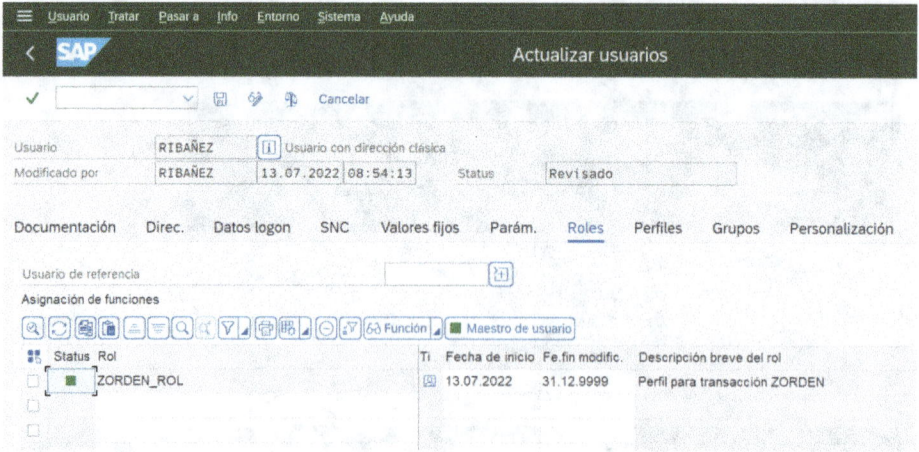

Y al final, agregamos nuestro rol encontrado en la Fiori library, SAP_BR_GL_ACCOUNTANT:

Presionamos ENTER, y el campo Status debe ponerse en verde:

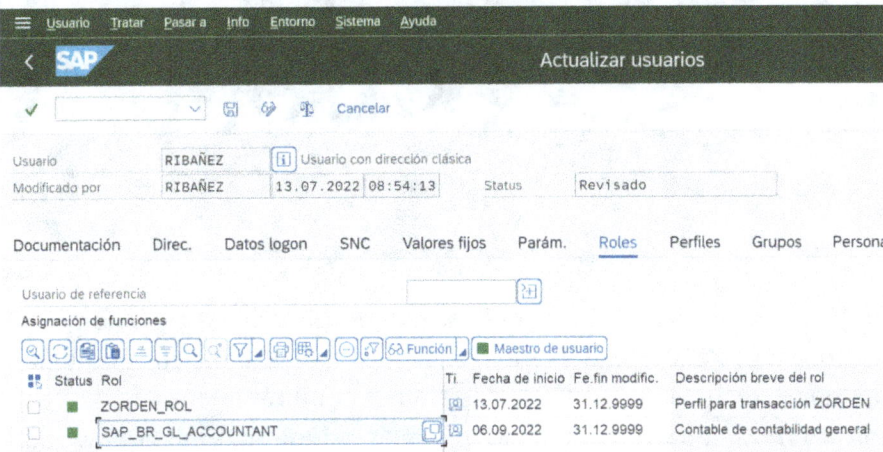

Guardamos, ¡y listo! Con esto, ya deberíamos de poder tener acceso en Fiori a nuestra aplicación de Carry Forward Balances (Arrastre de saldos).

Vamos de nuevo a nuestros favoritos, y ejecutamos nuestra Rampa de lanzamiento de SAP Fiori, o podemos introducir en la barra de comandos la transacción **/n/UI2/FLP**:

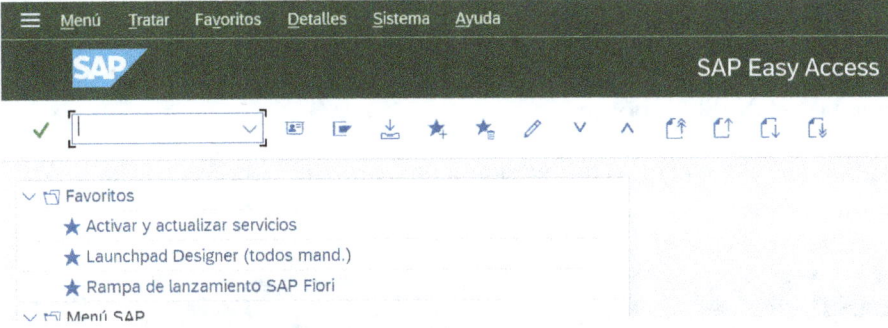

Esto nos va a llevar a nuestro explorador de internet determinado, y nos mostrará varios mosaicos (tiles) asociados a ese rol:

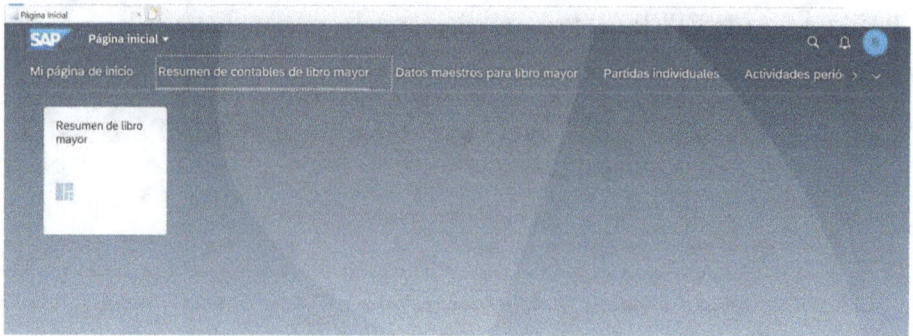

Lo que debemos hacer ahora, es buscar el nombre de la aplicación en nuestro Fiori. Para esto, debemos ir a la lupa que aparece en la esquina superior derecha de la pantalla, y escribir el nombre de nuestra aplicación. En nuestro caso, el nombre en español (mi Fiori aquí ya está en español, aunque a veces es más fácil encontrarlas en inglés, para lo que simplemente podemos cambiar al final de la URL donde dice language=ES por language=EN.

Cambiamos esta línea (español):

http://netdevap.acme.com.mx:8080/sap/bc/ui2/flp?sap-client=200&sap-language=ES#Shell-home

Por esta otra (inglés):

http://netdevap.acme.com.mx:8080/sap/bc/ui2/flp?sap-client=200&sap-language=EN#Shell-home

Al hacerlo vemos cómo inmediatamente cambia el idioma en nuestro ambiente Fiori:

Ahora sí, vamos a la lupa que está en la esquina superior derecha, y escribimos el nombre de nuestra aplicación, tal como lo encontramos en el cuadro superior de nuestra Fiori library:

Carry Forward Balances

for General Ledger Accountant

SAP S/4HANA ∨	SAP S/4HANA 2020 ∨

Required Back-End Product SAP S/4HANA

App Launcher Title(s) Carry Forward Balances

Application Type Transactional (SAP Fiori (SAPUI5))

Database HANA DB exclusive

Device Type(s) Desktop

App ID F1596

Quedaría como sigue:

Y nos debe llevar a la transacción:

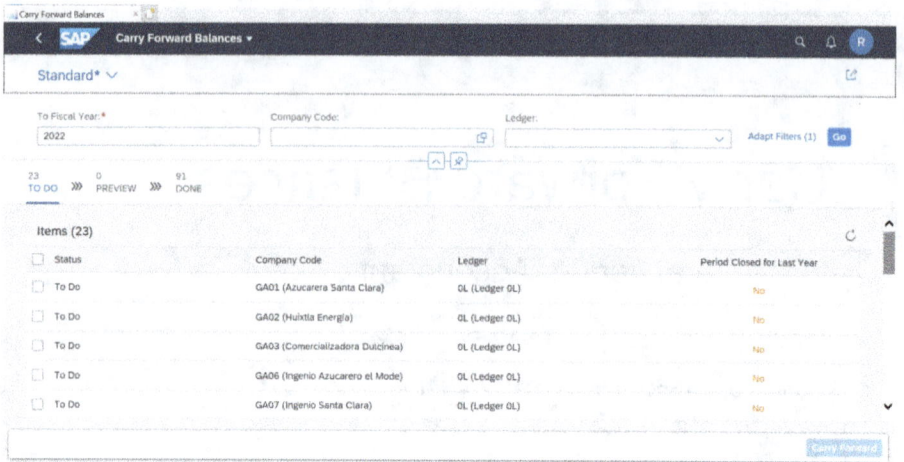

Para verificar que sí es la aplicación de Fiori que encontramos en la librería de Fiori (Fiori library), recordemos el App ID de nuestra aplicación, que es F1596.

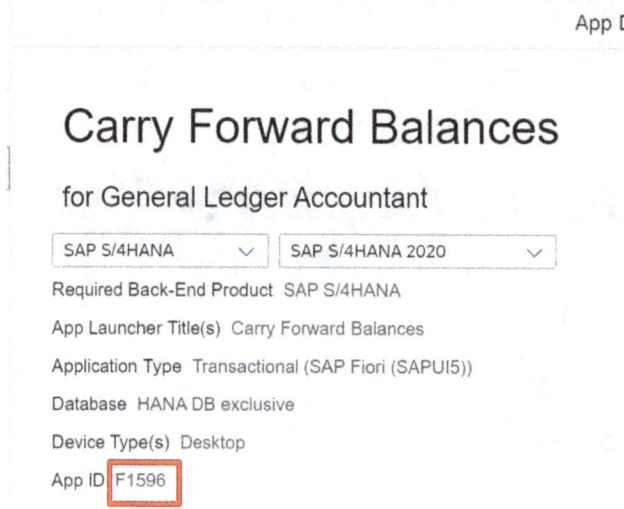

Así que vamos nuestra pantalla de Fiori, y vamos a hacer clic en la letra que aparece de nuestro perfil en la esquina superior derecha (en mi caso, es una R).

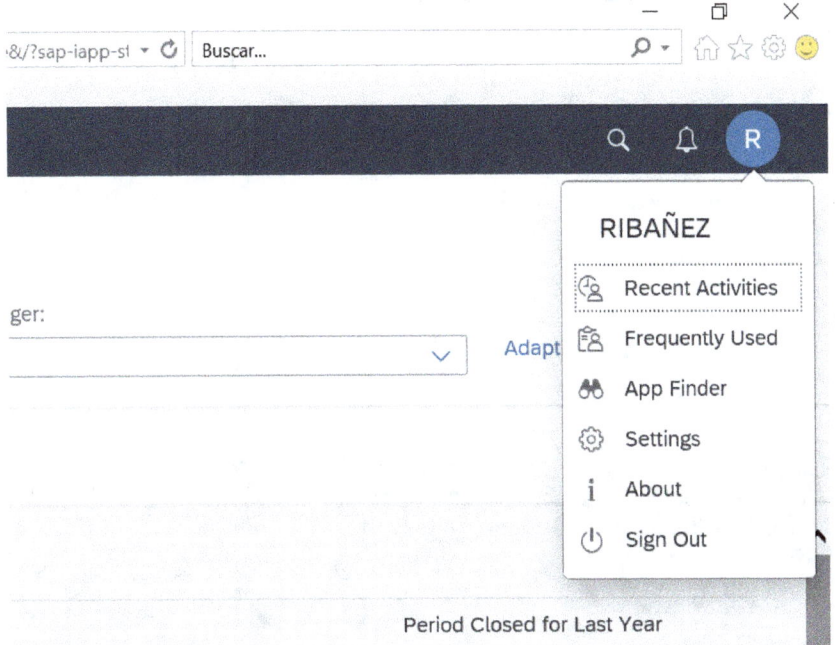

Y aquí hacemos clic en donde dice **i About**:

Como podemos observar, el ID de la aplicación es el mismo que el que estábamos buscando desde la librería de Fiori, por lo que podemos estar seguros que toda la documentación y funcionalidad que encontramos en la librería, aplican para la aplicación que echamos a andar con nuestra configuración. Si queremos encontrar su nombre en español, ya solo debemos ir a nuestra URL de nuestro navegador como indicamos más arriba, y cambiar en LANGUAGE=EN por LANGUAGE=ES, y veremos que su nombre es Arrastre de saldos.

Con esto, ya terminamos toda la configuración de nuestra aplicación de Fiori estándar. En la siguiente sección, veremos cómo hacer para que aparezcan nuestras Fioris favoritas en mi menú de Mi página de inicio (My home).

3.3 Colocando mi app de Fiori en el grupo Mi página de inicio

Que hayamos colocado el rol de una aplicación Fiori en nuestro usuario (o en el de alguien), no quiere decir que sólo visualizaremos esa aplicación en el entorno Fiori, ya que muchas aplicaciones pueden estar relacionadas con un determinado rol. Cuando los usuarios están apenas conociendo el entorno Fiori, es muy común que se confundan con la cantidad de aplicaciones que se les despliegan en el navegador. Por esta razón, a veces conviene colocar las aplicaciones Fiori con las que va a trabajar, en el grupo Mi página de inicio (My home en inglés). Para hacer esto, debemos seguir los siguientes pasos.

Primero que nada, ejecutar nuestra rampa de lanzamiento de SAP Fiori.

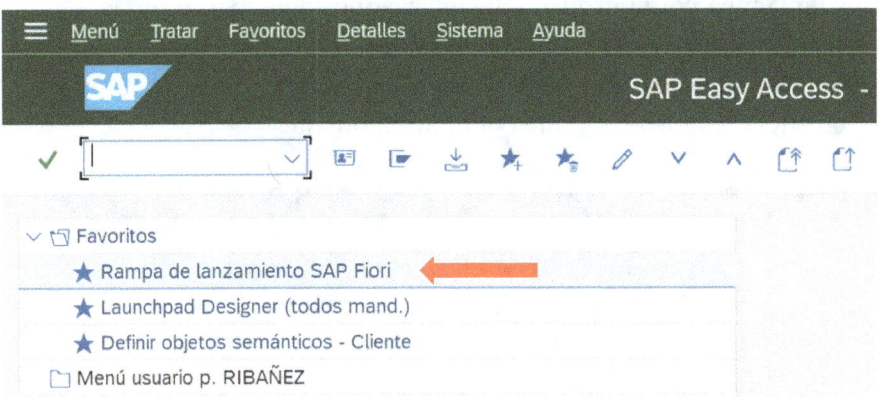

Segundo, ir al botón de perfil de usuario que aparece en la esquina superior derecha de nuestro navegador, y hacer clic en la opción Busc.Aplic.

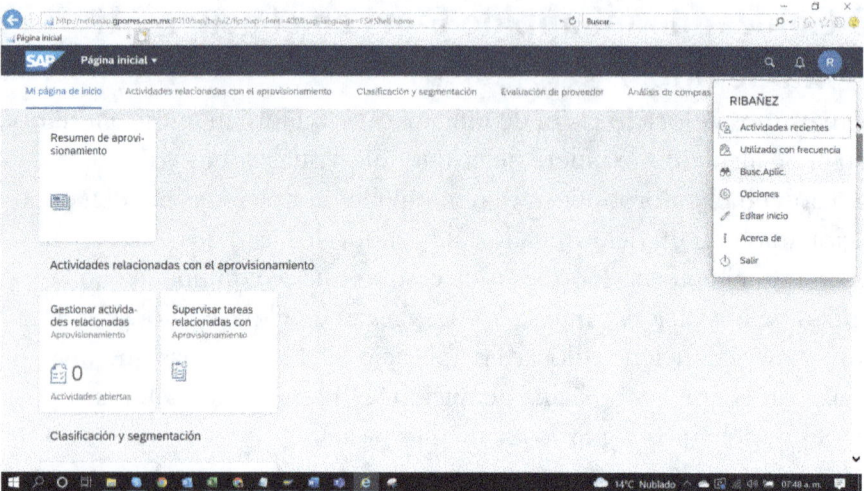

Aquí, en la lupa para búsqueda de aplicaciones que aparece en la esquina superior derecha, introducimos el nombre de nuestra aplicación Fiori, en nuestro caso, Arrastre de saldos, y hacemos clic en la lupa a la derecha del recuadro para que comience a buscar.

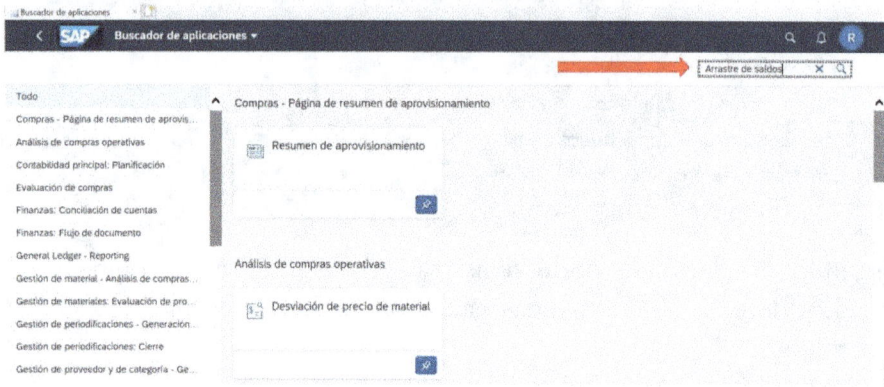

Nos debe encontrar nuestra aplicación rápidamente.

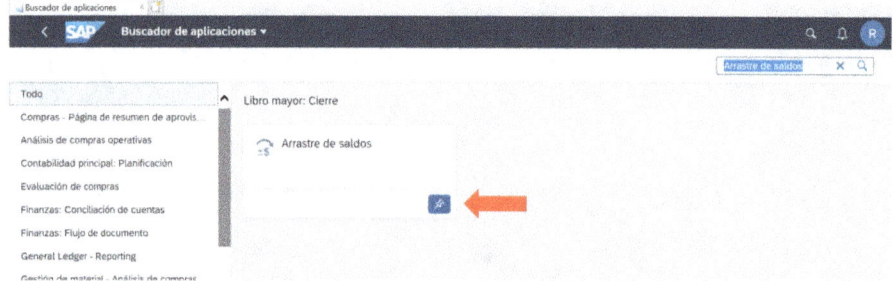

Hacemos clic en pincho que tiene la aplicación en su esquina inferior derecha, y marcamos en el grupo donde dice Mi página de inicio.

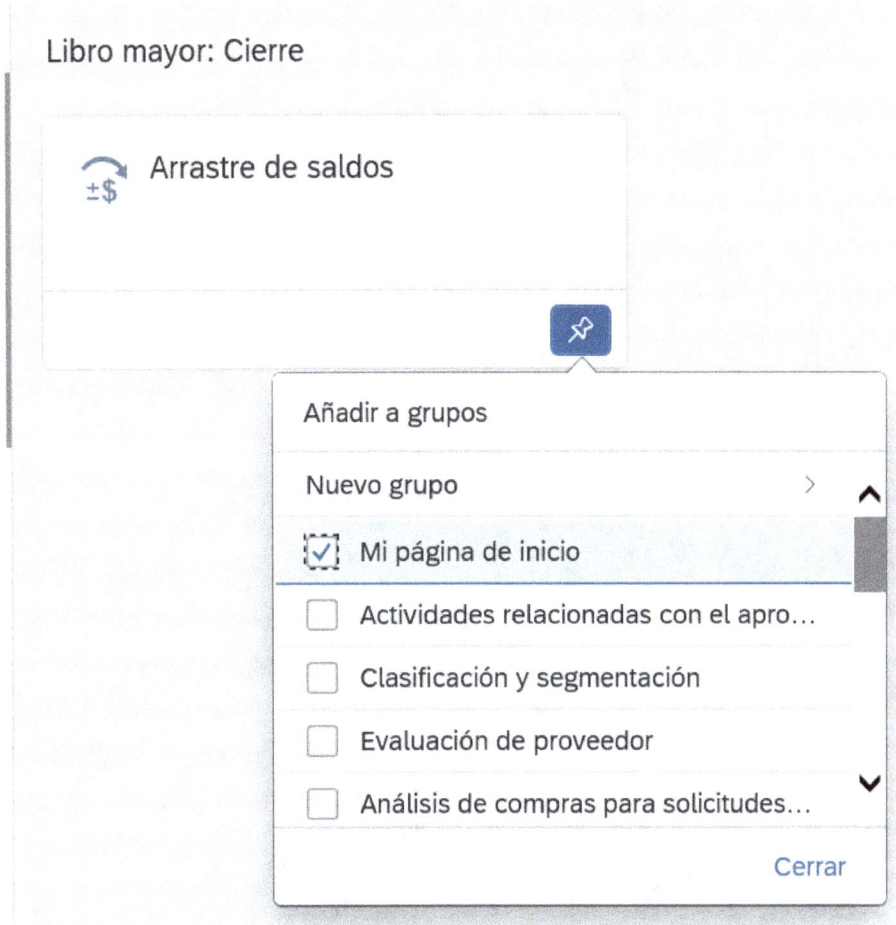

Libro mayor: Cierre

Arrastre de saldos

Añadir a grupos

Nuevo grupo   >

☑ Mi página de inicio

☐ Actividades relacionadas con el apro…

☐ Clasificación y segmentación

☐ Evaluación de proveedor

☐ Análisis de compras para solicitudes…

Cerrar

Hacemos clic en Cerrar. Nos va a enviar un mensaje diciendo que la aplicación "Arrastre de saldos" sea añadido al grupo "Mi página de inicio".

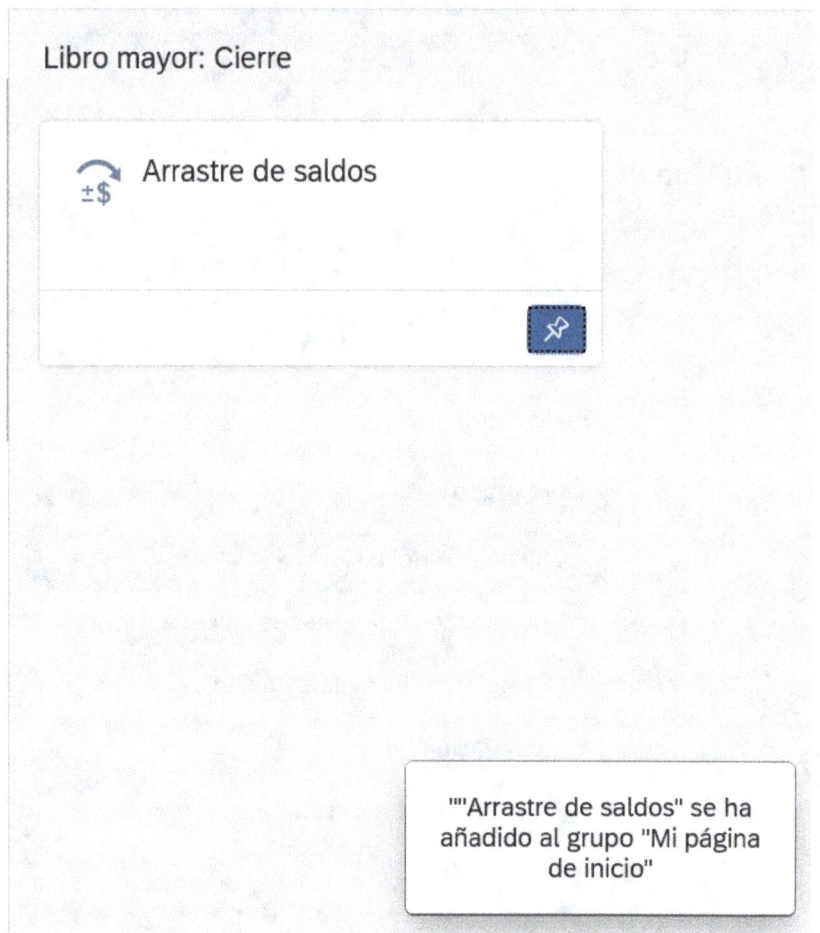

Hacemos clic en el logo de SAP para regresar a la pantalla principal de Fiori.

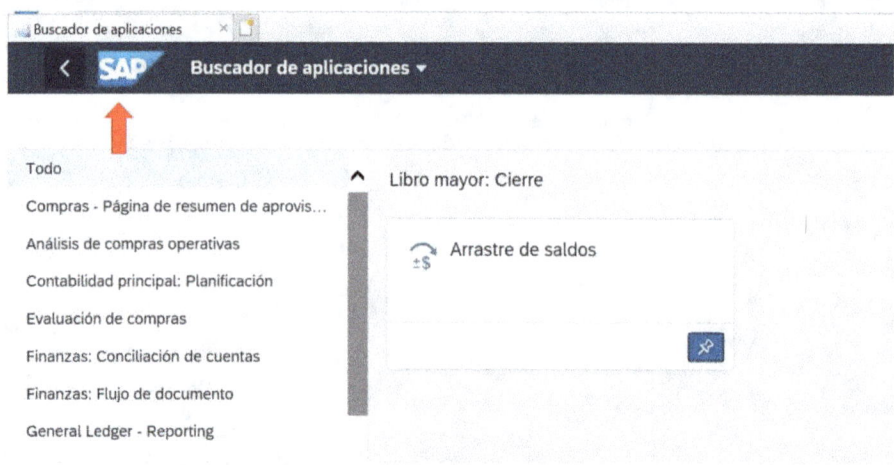

Y vemos como nuestra aplicación ya aparece en el grupo Mi página de inicio, facilitando hallar así todas la aplicaciones que el usuario use frecuentemente, algo así como tener nuestros favoritos en el SAP GUI.

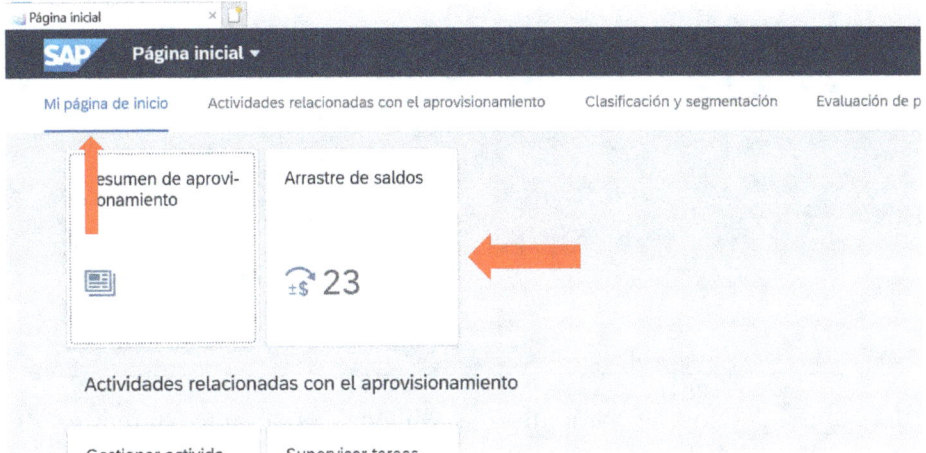

Con esto, ya podemos agregar nuestras aplicaciones de Fiori estándar a nuestro navegador, así como colocar las aplicaciones en el grupo que queramos (en el ejemplo, lo pusimos en el grupo Mi página de inicio, pero se puede poner en el que uno quiera agrupar sus aplicaciones).

3.4 Extensibilidad

El siguiente punto en la Fiori library, es el de Extensibilidad. Esto sería el equivalente en Fiori a lo que sería tener user-exits en el SAP GUI. En realidad, los que usan esta sección son los programadores que utilizan SAP UI5 para hacer modificaciones o extensiones a la funcionalidad de la aplicación estándar de Fiori.

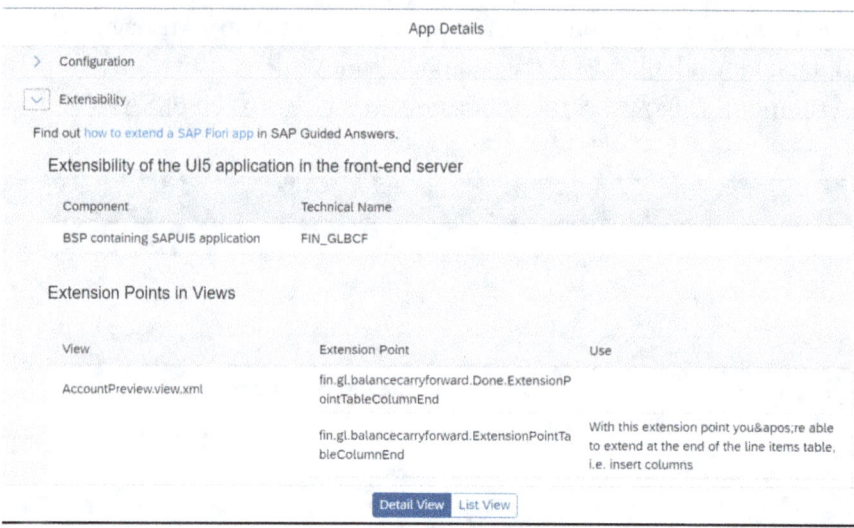

La librería de Fiori les daría información técnica relevante sobre los componentes de la aplicación. Pero esta parte va más allá del alcance de este libro, pero lo comentamos por si necesitan interactuar con algún programador para que realice algún ajuste a la funcionalidad.

3.5 Soporte

Al final de la pestaña de Información de Implementación, viene la sección de Soporte. Esta sirve por si llegara a ser necesario levantar una nota OSS a SAP para revisar algún incidente con la aplicación de Fiori, se anexa la parte del componente de aplicación (FI-FIO-GL) y el texto del componente de aplicación (Fiori UI for General Ledger Accounting), para que así SAP sepa rápidamente con qué experto asignar el incidente, y poder atenderlo más rápidamente.

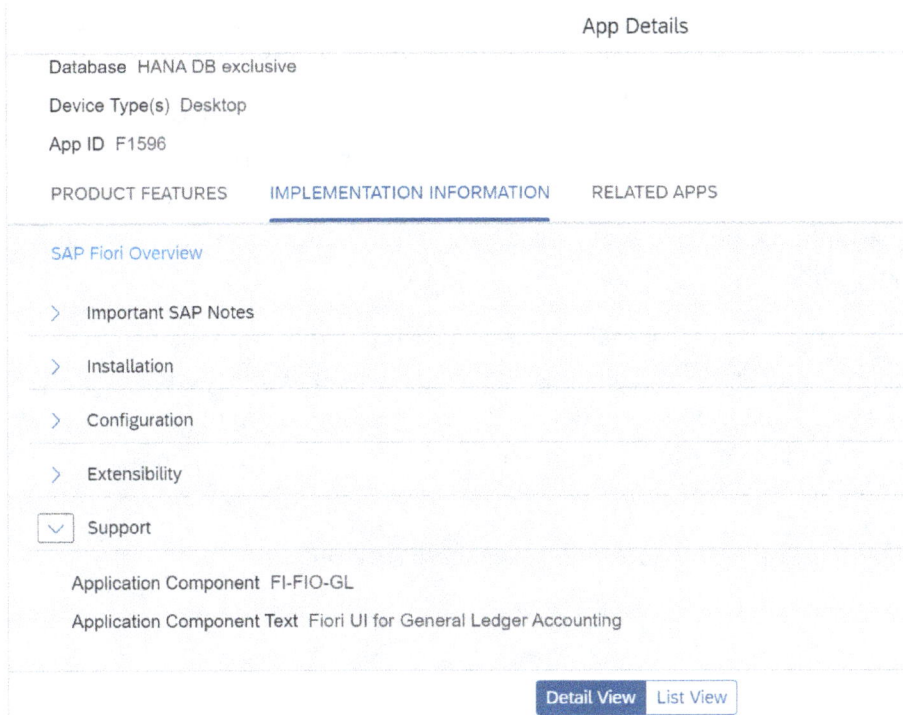

3.6 Aplicaciones relacionadas

La última pestaña en la librería de Fiori, son las aplicaciones relacionadas.

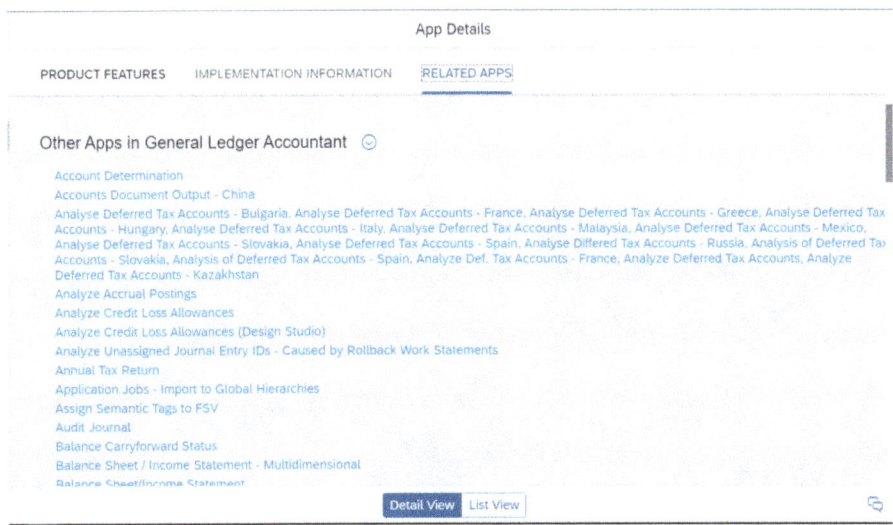

Esta sección permite encontrar otras aplicaciones Fiori similares a la que estábamos buscando, a fin de permitirnos encontrar la que mejor se ajuste a las necesidades del cliente, sin tener que estar buscando en

Google o algún otro buscador. Nos ahorra trabajo para encontrar una aplicación similar pero alguna funcionalidad adicional a la que tenía nuestra aplicación original.

Como ven, la librería de Fiori cuenta con toda la información necesaria para entender, implementar, configurar, extender e incluso encontrar más aplicaciones que sean similares a la que buscábamos, todo en un solo sitio.

Espero que esta sección les haya sido de utilidad, a continuación, veremos una sección en la que se da la situación de que SAP aún no ha fiorizado una transacción del SAP GUI, y nosotros queremos "fiorizarla", o que tenemos una aplicación Z, y el cliente quiere que funcione con Fiori.

Hasta la vista, ¡nos vemos en la siguiente sección!

Capítulo 4
Fiorización de transacciones

Antes de comenzar con esta nueva sección, quiero comentar la siguiente situación. En la sección anterior, vimos cómo en la librería de Fiori, ya SAP había fiorizado al día de hoy más de catorce mil aplicaciones que antes formaban parte de las transacciones estándar del SAP GUI, y siguen fiorizando cada vez más transacciones, de acuerdo a las prioridades del negocio según SAP. Sin embargo, sabemos que hay más de 100 mil transacciones estándar en SAP ECC, y alrededor de 7600 nuevas transacciones en S/4 HANA. Así que hay una posibilidad de que alguna de las transacciones estándar que un cliente usa en el SAP ECC, se solicite que se use en Fiori, y ¡oh, sorpresa!, no existe dicha transacción en la librería de Fiori. Sin embargo, no todo está perdido. Nosotros podemos fiorizar algunas de las transacciones estándar de SAP, siempre y cuando, cuando vayamos a la transacción SE93, veamos que tenga activado la parte de html (abajo un ejemplo para la transacción IW41).

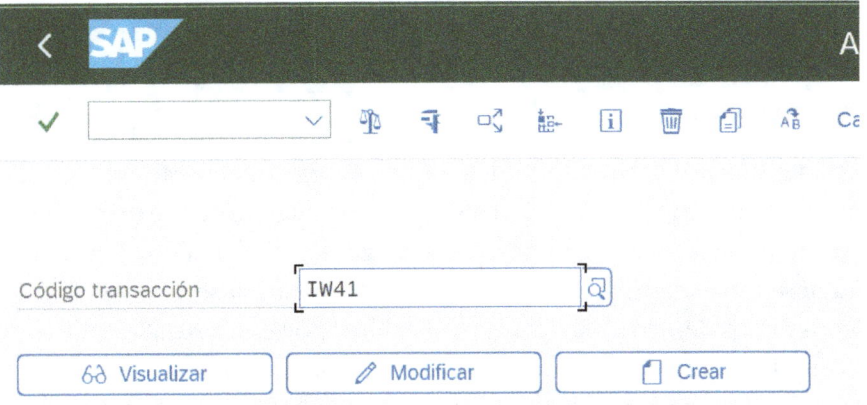

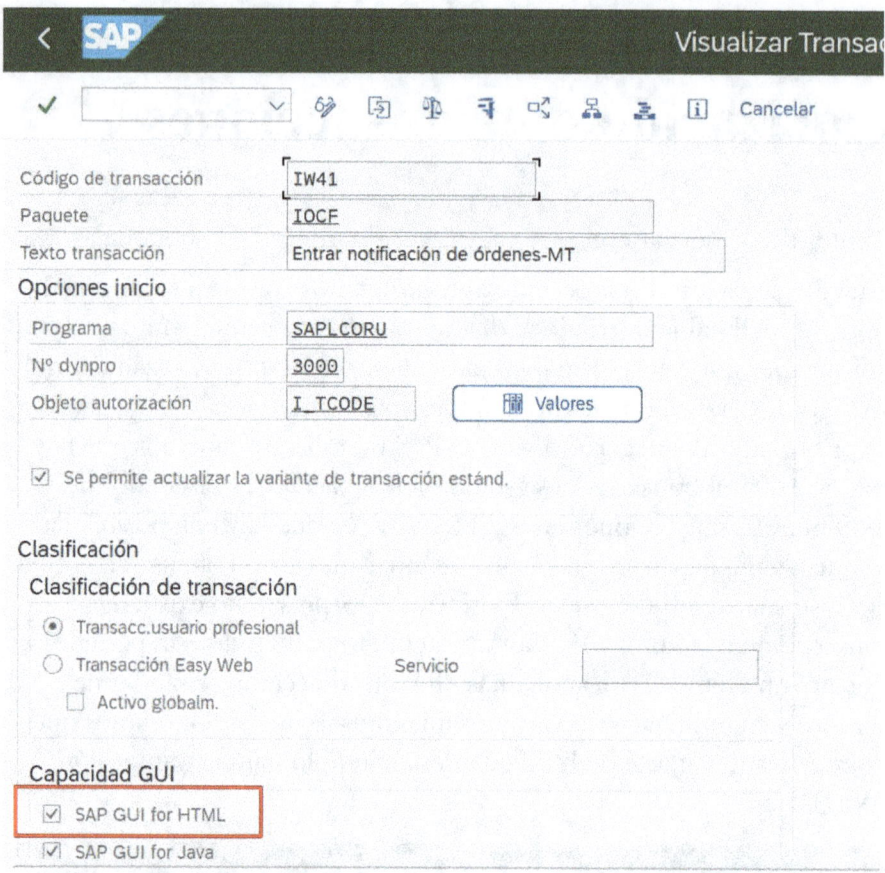

Mientras tenga este check marcado de SAP GUI for HTML, la transacción puede ser fiorizada.

Ahora, en muchos proyectos en los que he estado y el cliente ha implementado Fiori, me llamó la atención que cuando se creaban vistas de mantenimiento para alguna tabla Z, el cliente solicitaba que también se pudieran manejar dichas vistas de mantenimiento desde Fiori, ya que muchos de los desarrollos usaban estas tablas. Por esta razón, es que me baso en este ejemplo, para aprender a realizar la fiorización de una transacción (puede ser Z, o estándar, con la condición que mencioné arriba). Así que, sin más preámbulos, veamos cómo hacer esto.

4.1 Cómo crear una vista de mantenimiento para una tabla y asociarla a una transacción en SAP

Cuando se presentan situaciones en donde es necesario modificar el contenido de uno o de varios campos en una tabla, una manera sencilla de realizar estas modificaciones es por medio de una Vista de mantenimiento creada previamente.

Posteriormente, si se desea acceder en forma más directa a la vista de mantenimiento, también puede ser conveniente y útil asociarla a una transacción.

4.2 Paso para crear la vista de actualización

El primer paso será acceder a la transacción **SE11**, donde será necesario ingresar el nombre de la tabla para la cual se desea crear la vista de mantenimiento.

Asumiendo que la tabla fue creada previamente, bastará con ingresar el nombre de la misma en el campo correspondiente.

En la pantalla obtenida, se mostrará la estructura de la tabla y dirigirse a Utilidades → Generador Actualiz. Tab.

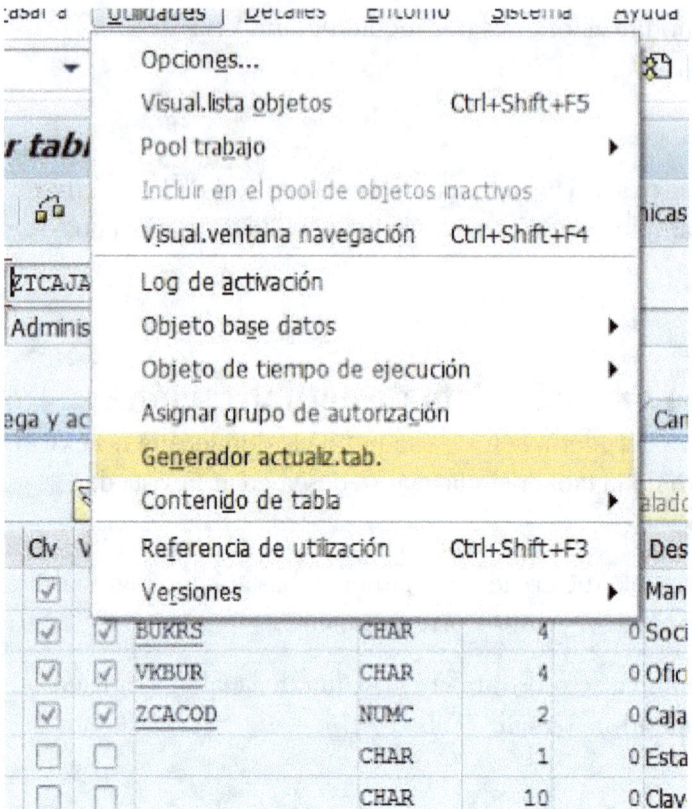

Ingreso los valores según indican en la pantalla, para luego proceder a grabar.

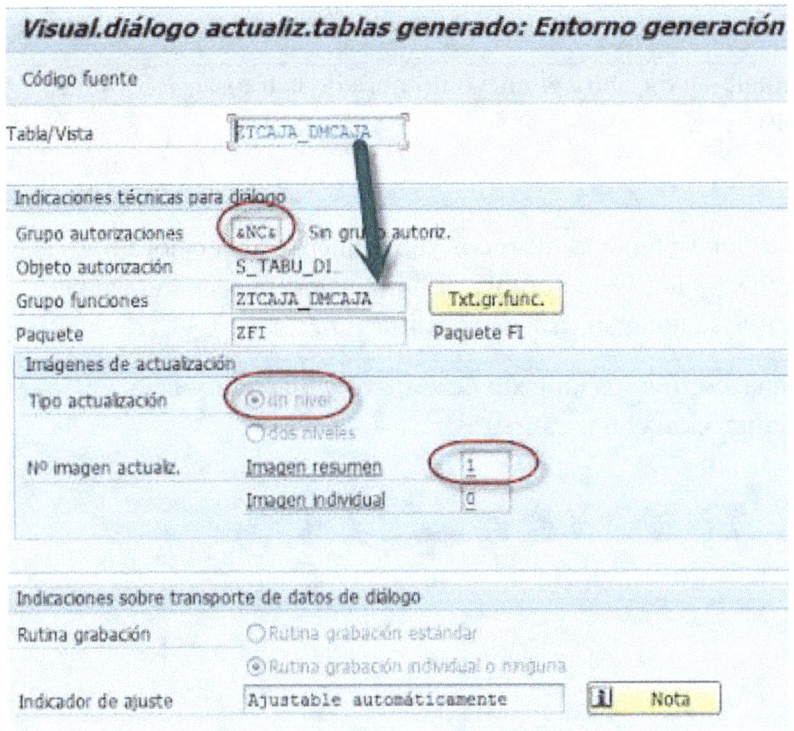

Luego de grabar, la vista queda creada.

4.3 Pasos para asociar la vista de mantenimiento a una transacción

Acceder a la transacción **SE93**

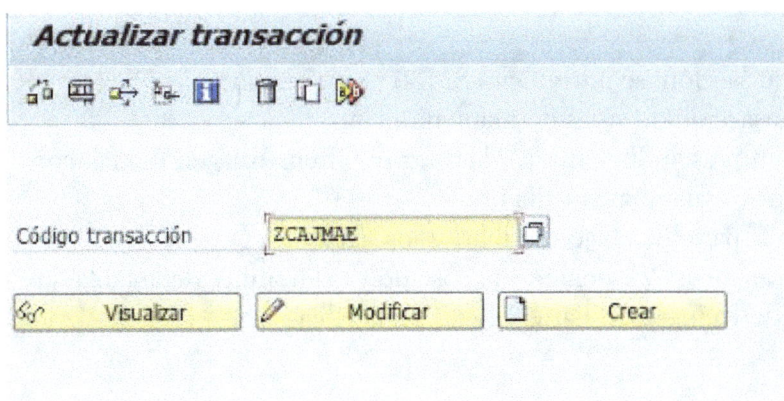

En esta pantalla se escribirá el nuevo nombre de la transacción y luego seleccionar Crear.

Si su transacción va tener el mismo nombre que su tabla colocamos el mismo, pero si va llevar un nombre distinto, colocamos en esa pantalla el nombre que va tener su vista de actualización.

En la ventana, escribimos un texto descriptivo y marcamos la opción: **Transacción con parámetros**

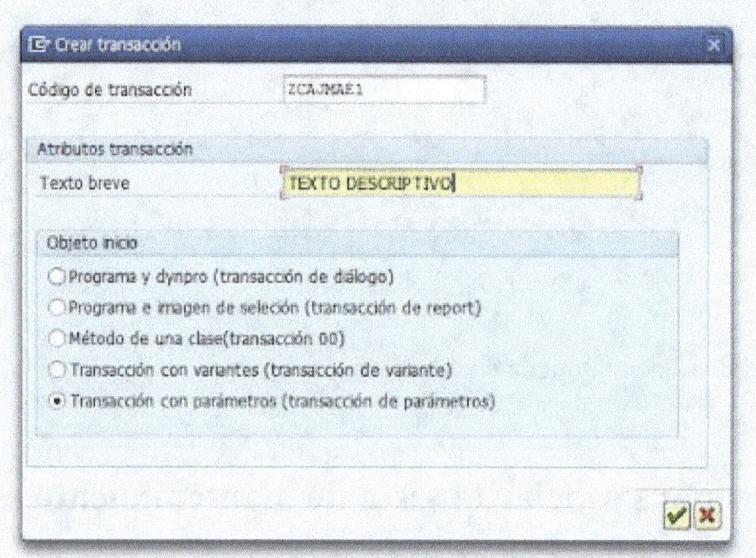

 En la siguiente pantalla será necesario configurar los siguientes parámetros:

- Transacción: se introducirá **SM30** (que corresponde a la transacción de vistas de mantenimiento).
- Es imprescindible marcar la opción: **Omitir Imagen Inicial**. con ello se evita una pantalla previa.
- En la parte de abajo escribimos los siguientes parámetros: **Viewname** y al costado va el nombre de la tabla que se desea ingresar. Para el ejemplo, la tabla

es **ZTCAJA_DMCAJA** y abajo colocamos **Update** y en su correspondiente escribimos **X**

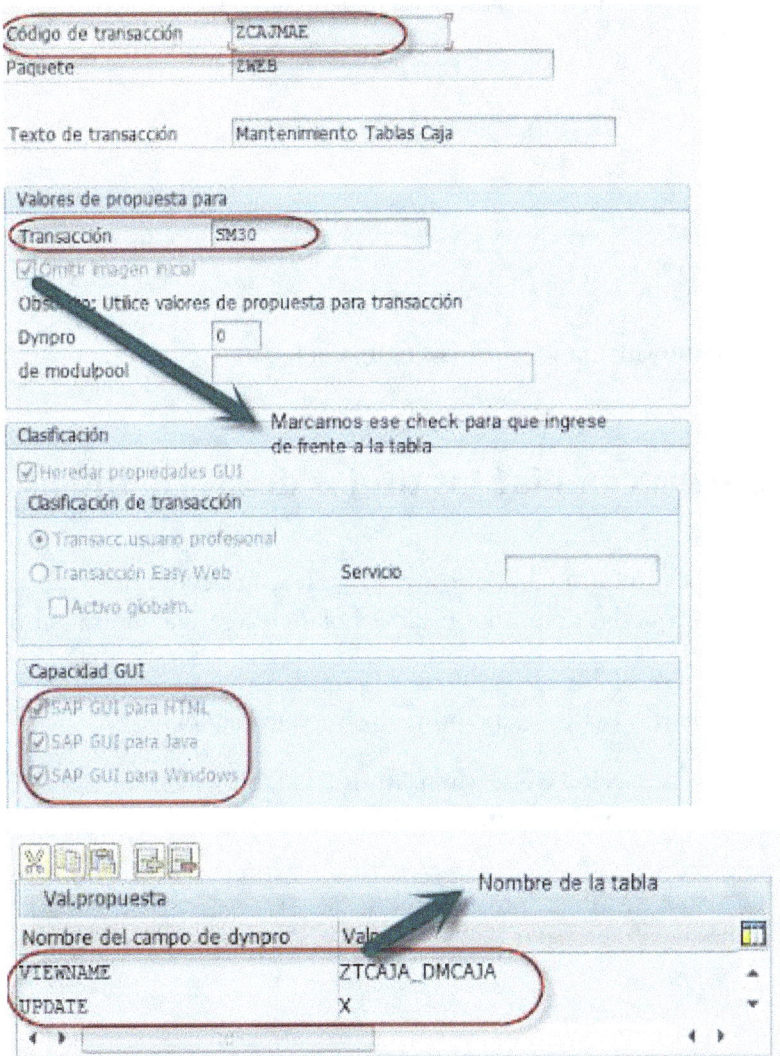

Presionamos **grabar** y lo guardamos en el paquete y la orden correspondiente.

Solo restará ingresar el nombre de la transacción recientemente creada y verificar que esté funcionando correctamente:

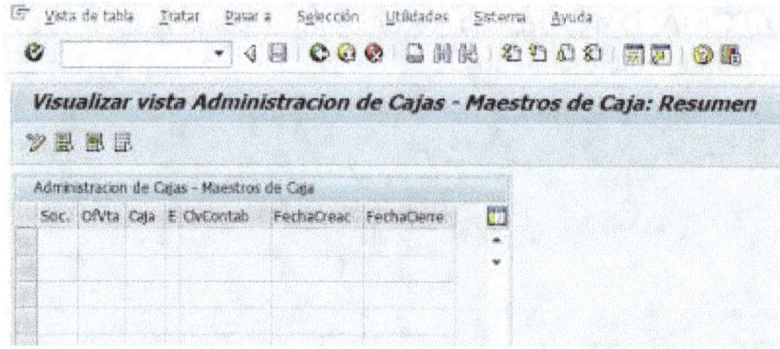

Con ello ya se tiene vinculado la transacción a la tabla.

4.4 Pasos para cambiar los títulos de las columnas de la tabla

Cuando entramos a nuestra tabla por medio de la transacción nos podemos percatar que las columnas están en blanco o se encuentran con otro nombre.

Para poder cambiarles esa descripción realizamos lo siguiente:

Ingresamos, a la transacción **SE11** y entramos a la tabla y volvemos a entrar a la opción **Generador actualiz. tab.**

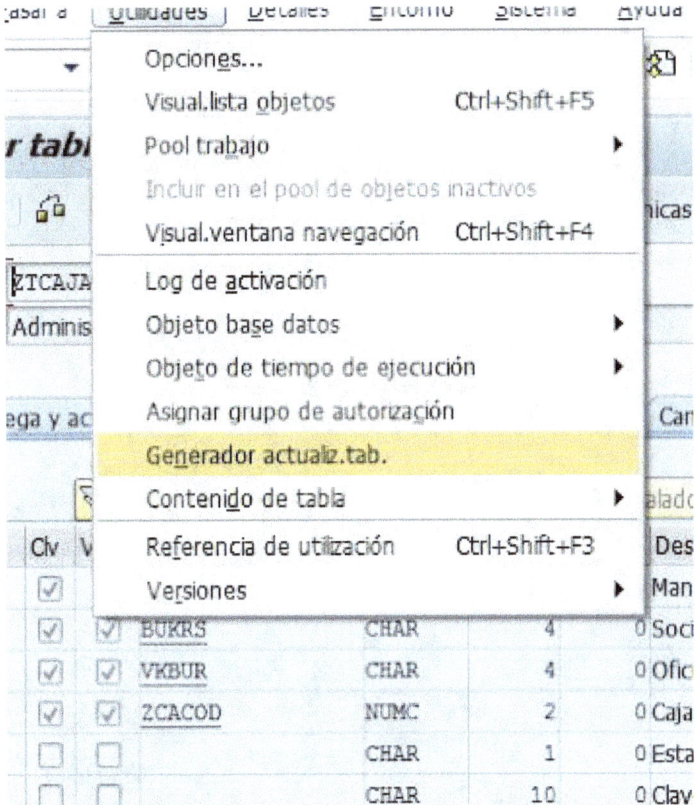

hacemos doble click en la opción **Imagen resumen**

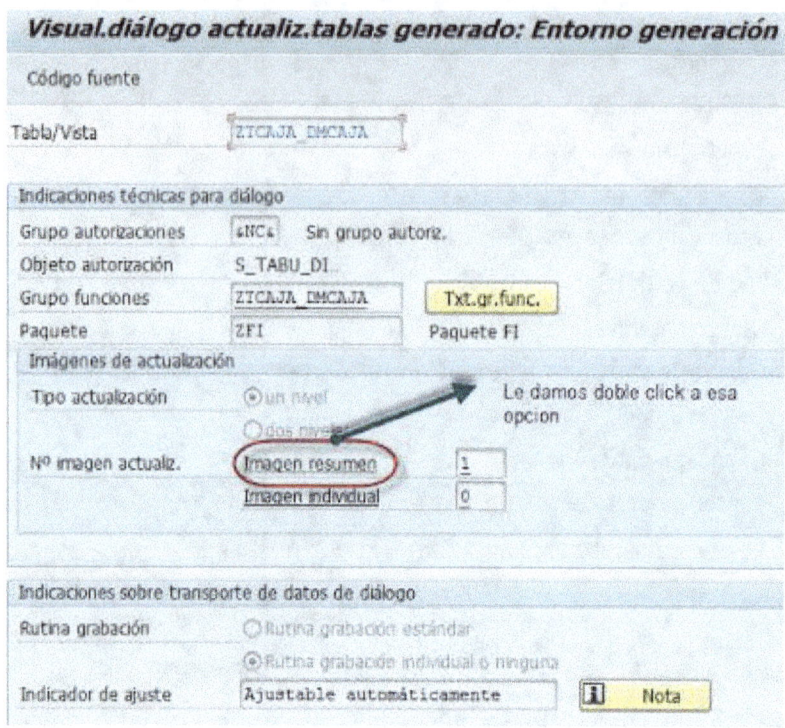

Nos visualiza la siguiente pantalla, entramos a la opción **Layout**

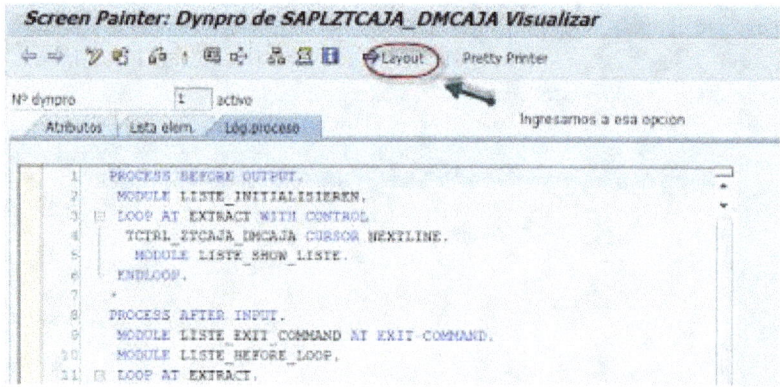

Nos muestra la dynpro respectiva con las columnas de la tabla. Primero presionamos el símbolo de **lápiz** para editar y luego hacemos doble click en la columna que queremos cambiar el nombre para que aparezca el panel de la derecha.

En el campo **texto** se puede colocar el nombre que se desee para dicha columna.

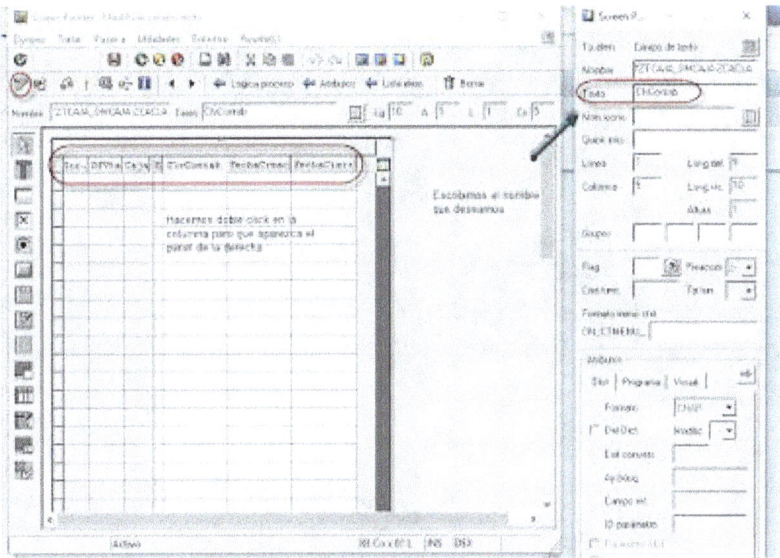

Una vez que tengas los cambios, se procede a grabar y activar la dynpro para luego, la tabla nuevamente.

Con ello, ya tienes vinculada tu tabla a una transacción y con las columnas con un nombre especifico.

La segunda parte, es fiorizar la transacción Z

Capítulo 5
Fiorizar una transacción Z

Para poder usar en Fiori nuestra transacción como mosaico (Tile, en inglés), vamos a la transacción **/n/UI2/SEMOBJ**

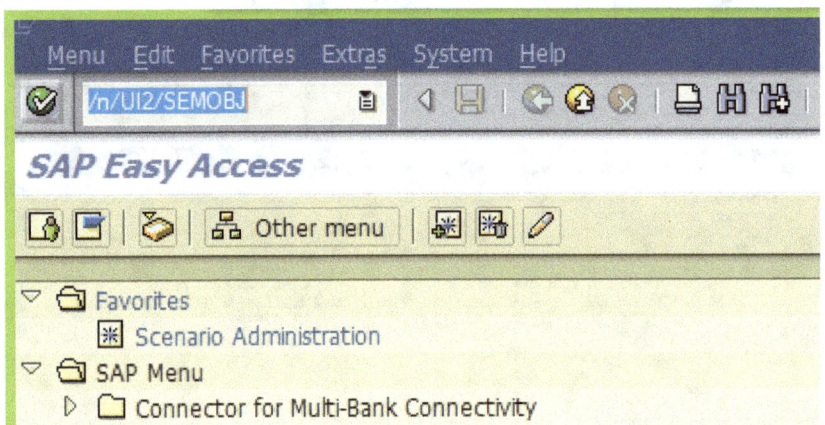

Se le da clic a editar

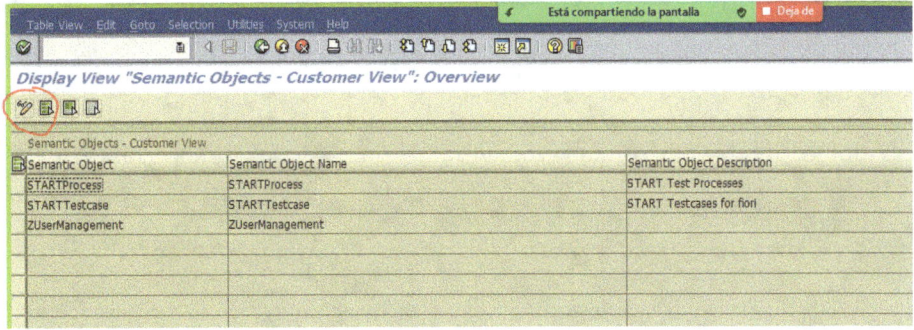

Luego hacemos clic en New Entries.

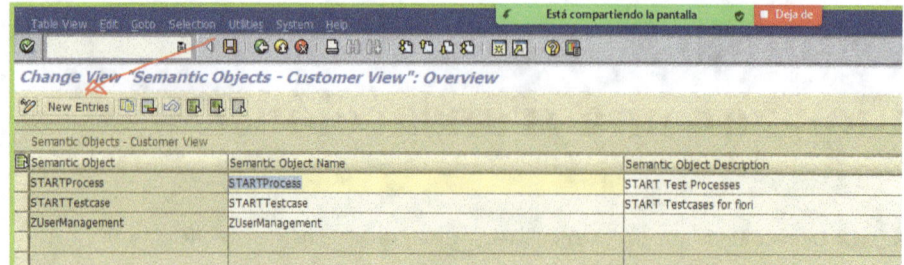

Agregamos nuestra transacción de la siguiente manera:

Semantic Object	Semantic Object Name	Semantic Object Description
ZORDERS_SEMOBJ	ZORDERS_SEMOBJ	Transport Order Report

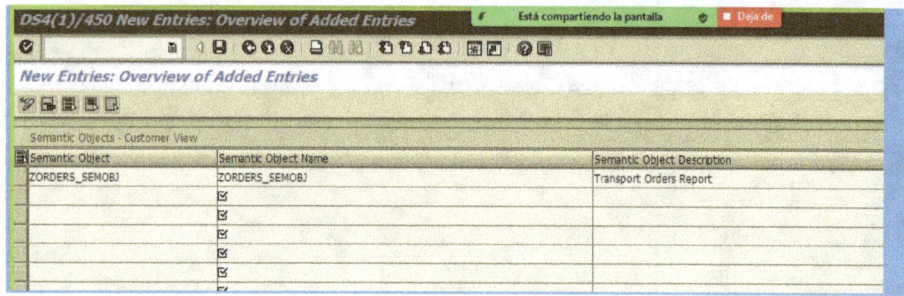

Clic en guardar y nos pide un transporte:

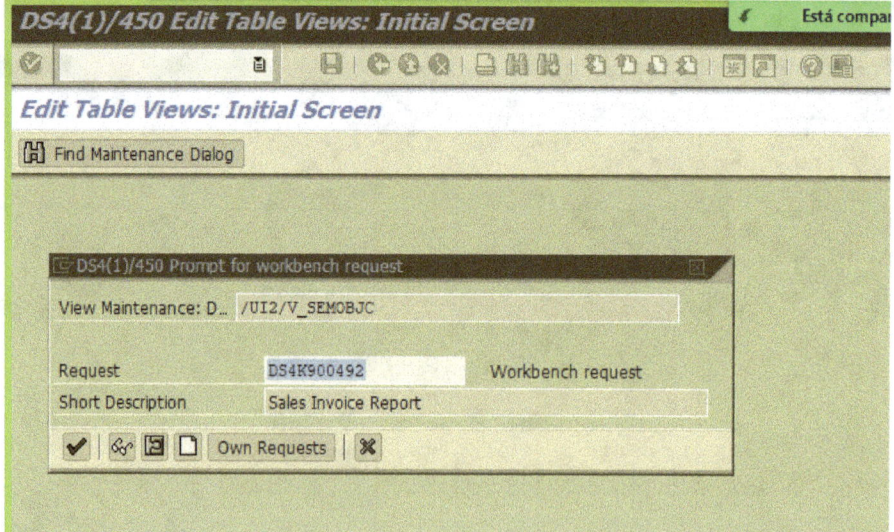

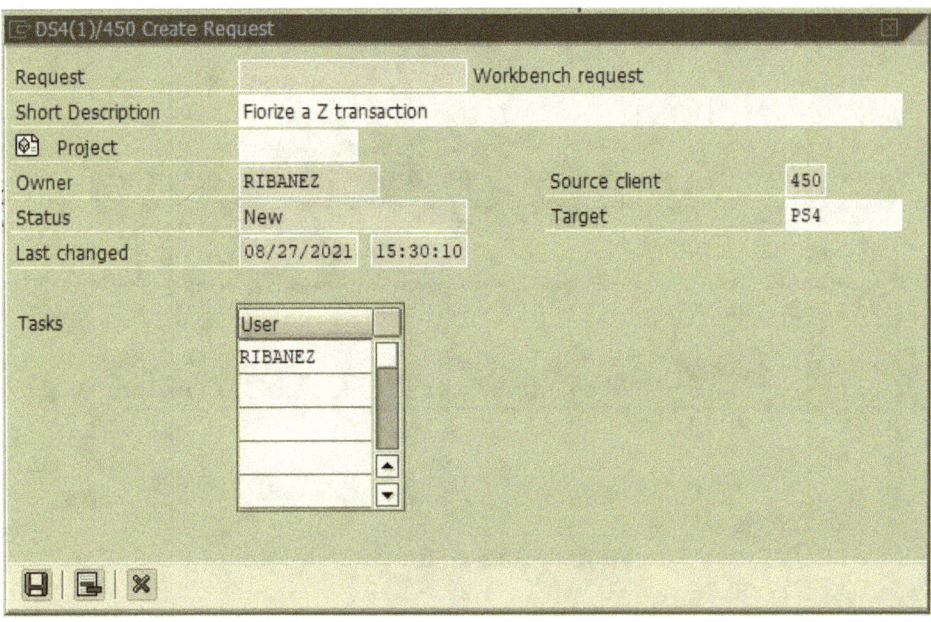

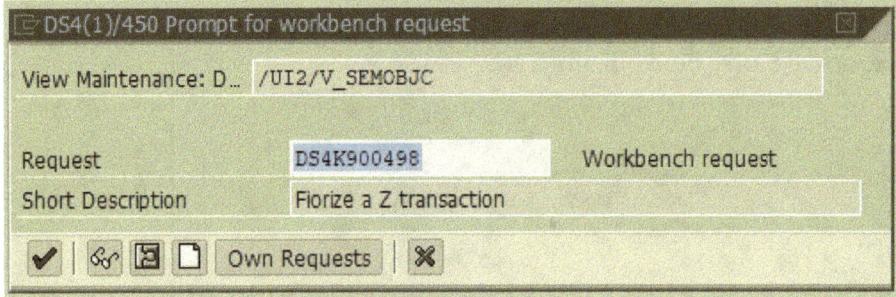

Salimos de la transacción. Esta quedaría así:

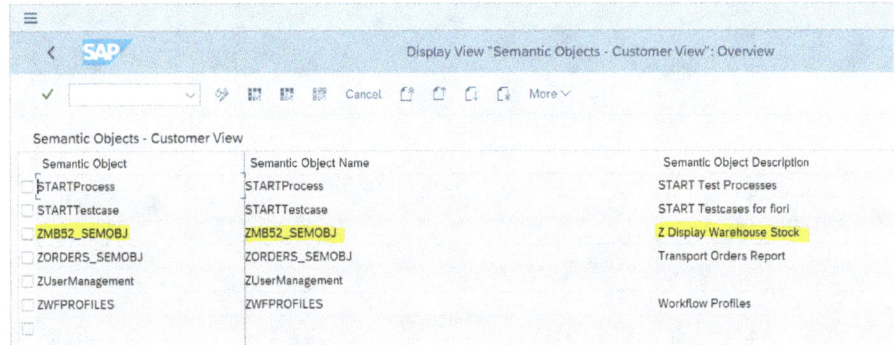

5.1 Configuración en Fiori

Ahora vamos a configurar la aplicación Z. Ejecutamos la transacción **/n/UI2/FLPD_CONF.**

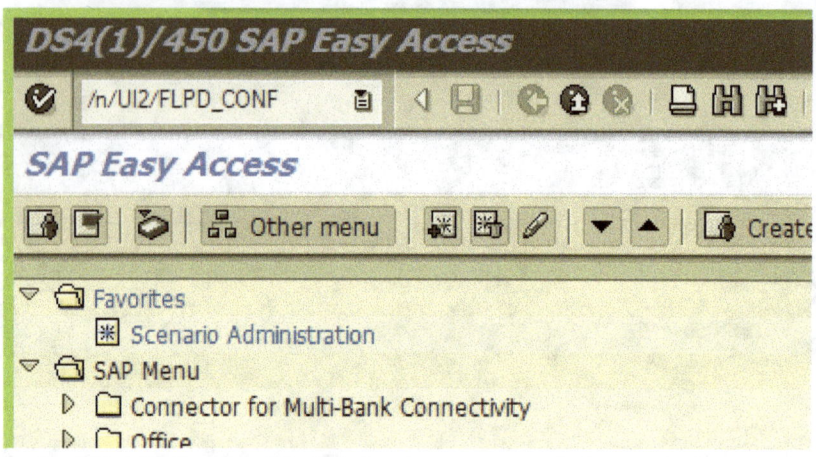

Vamos al icono de configuración:

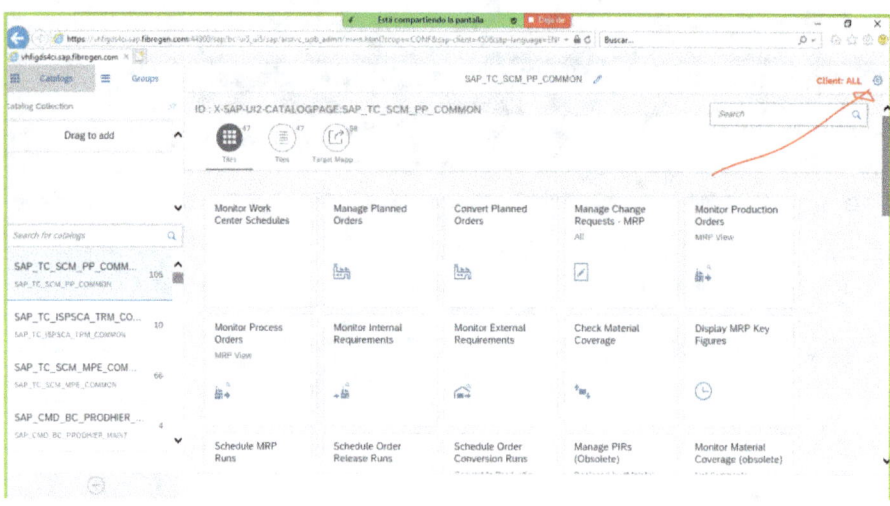

5.2 Asignación de Orden de Transporte

Al haber hecho clic en el ícono de configuración, nos asigna ahora
nuestra orden de transporte que creamos con el objeto semántico:

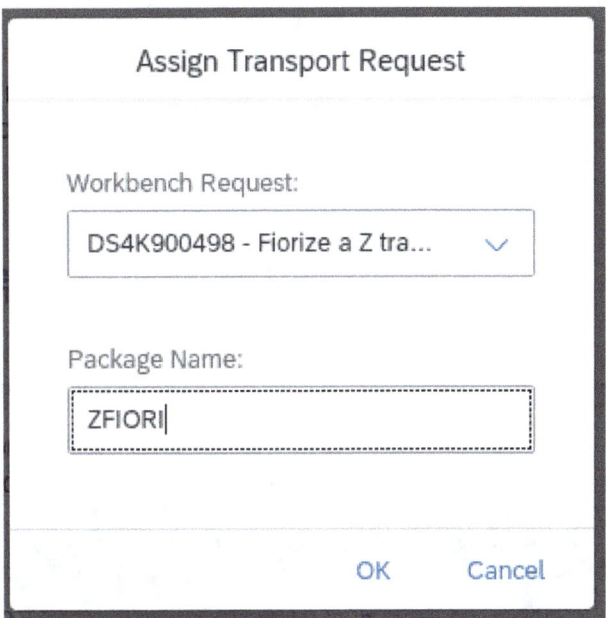

Hacemos clic en OK y listo. Con esto ya podremos trabajar en los
siguientes pasos para nuestro objeto semántico.

5.3 Creación de catálogo

Debemos ahora crear un catálogo para nuestra orden.

Le damos crear catalog (clic en el +):

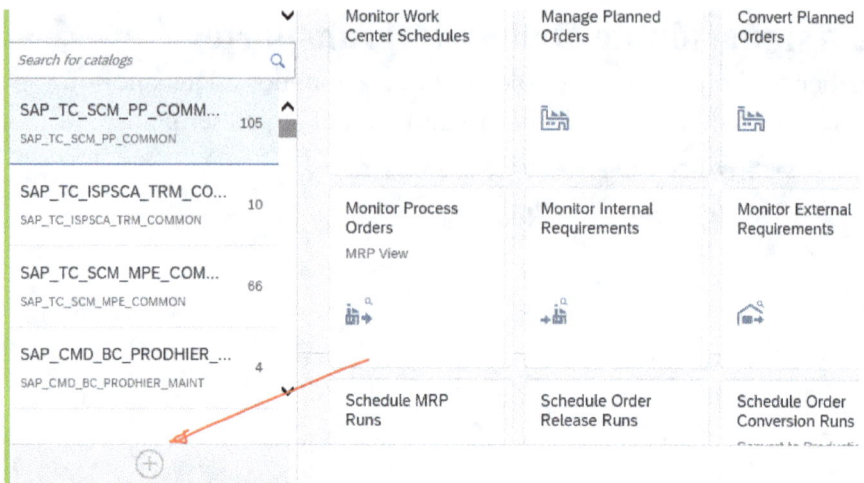

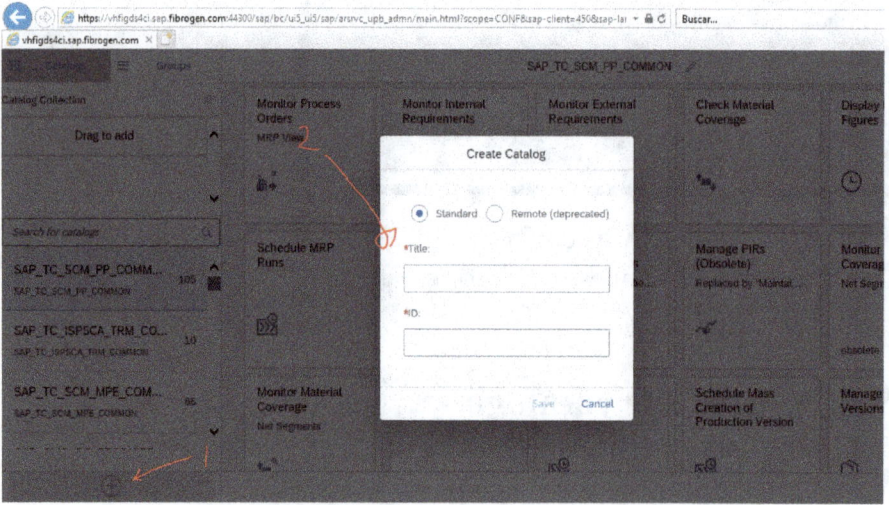

Por ejemplo, en Título el nombre que queramos que lleve el catálogo en Fiori, y en ID, algo como ZOBX_<transacción>|<nombre_grupo> (depende de la nomenclatura que usen con el cliente):

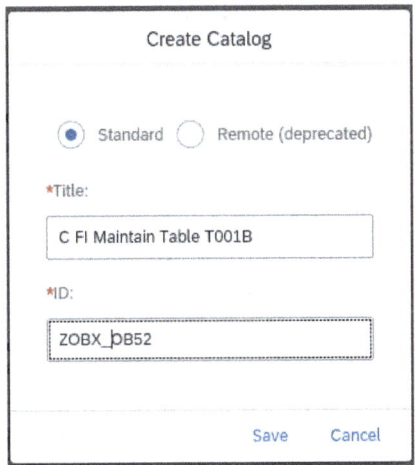

Grabamos y buscamos nuestro catálogo:

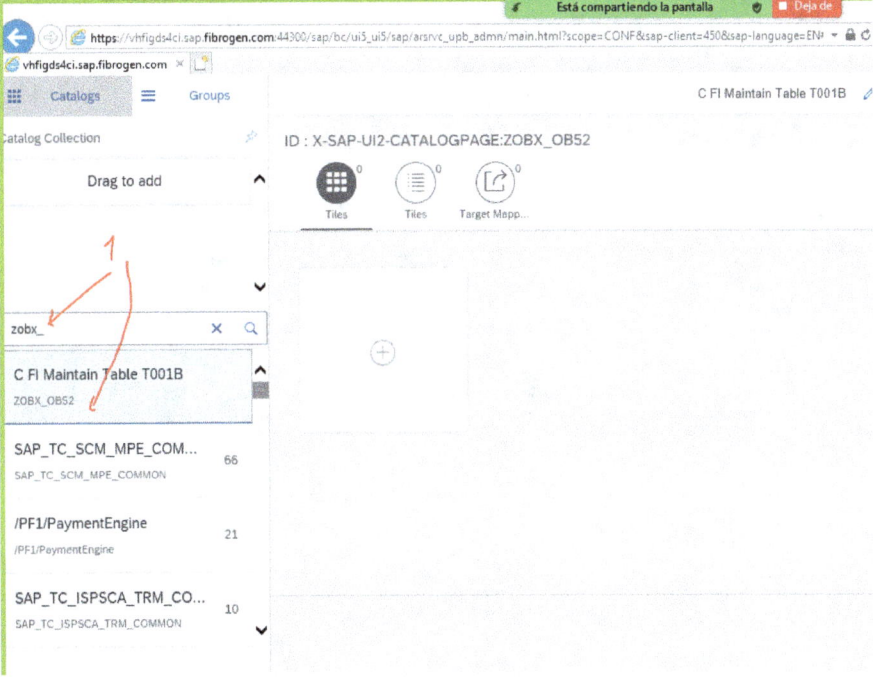

Hacemos clic en el más para Add tile:

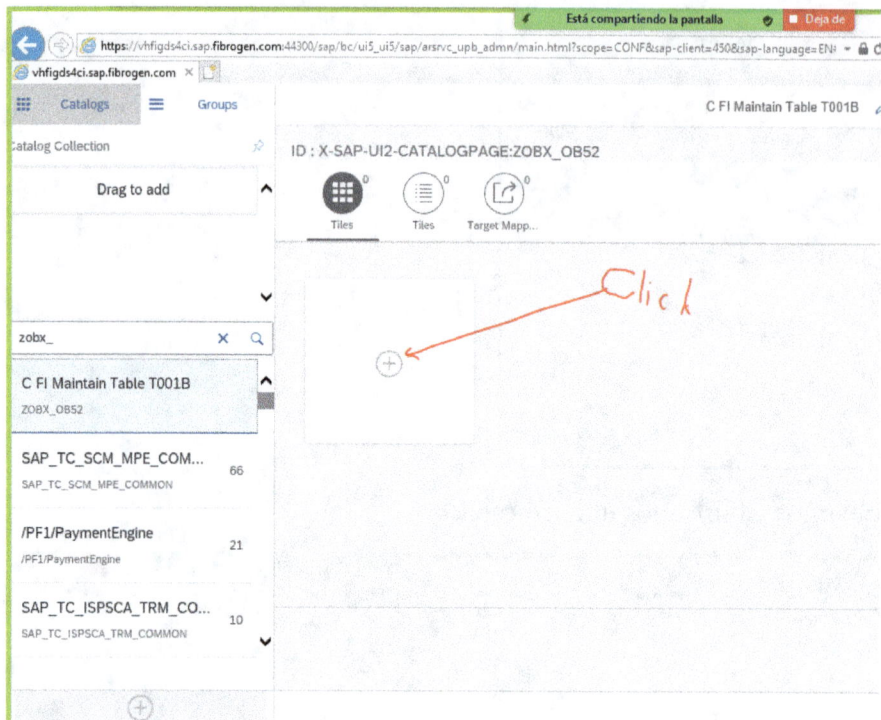

Hacemos clic en App Launcher Static:

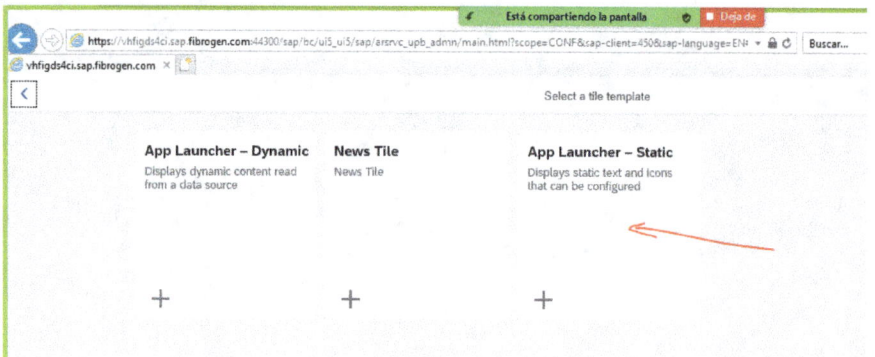

Llenamos como se ve a continuación y grabamos:

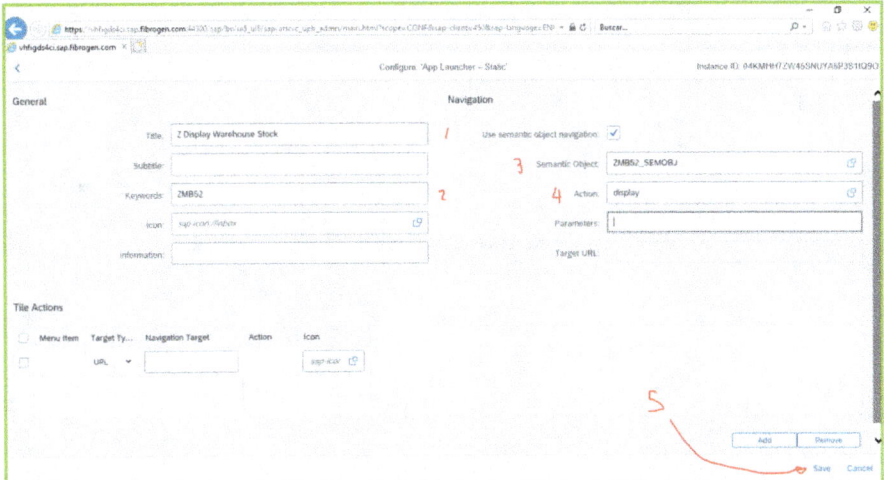

Ahora nos vamos a Target Mapping:

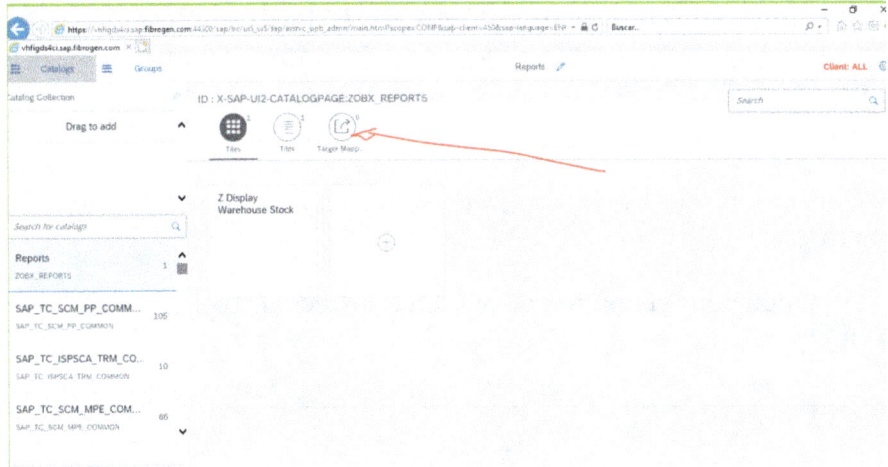

Y hacemos clic en Create Target Mapping:

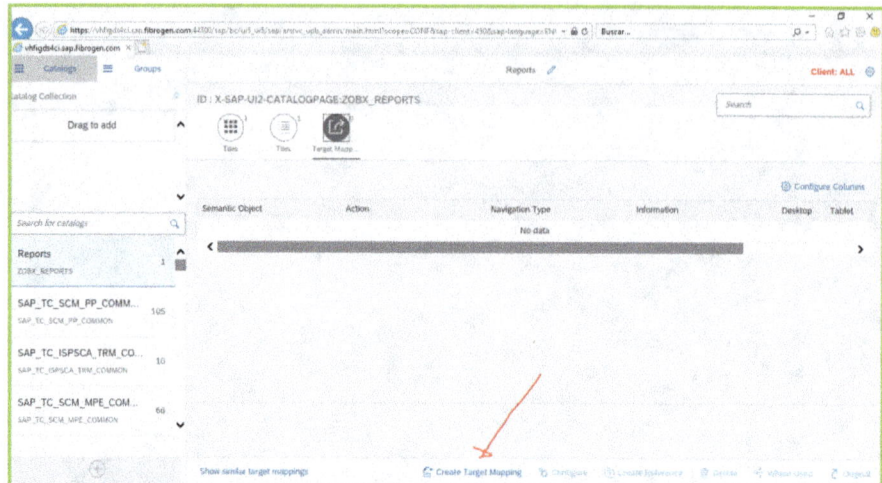

Llenamos como sigue (de acuerdo a nuestra transacción):

1 – Ponemos el objeto semántico: ZMB52_SEMOBJ

2 – El tipo de acción: display

3 – Escogemos el tipo de aplicación: Transaction

4 – Ponemos una descripción para el título de nuestra app: Z Display Warehouse Stock

5 – Aquí ponemos el nombre de nuestra transacción en el SAP GUI: ZMB52

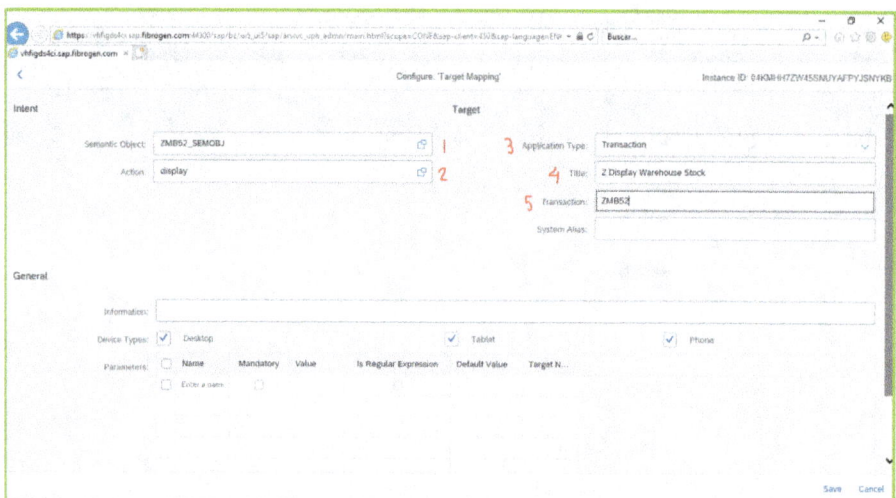

Y grabamos con (save). Hay que esperar a que responda el Fiori, pues puede tardar un poco.

5.4 Creación de un grupo

Ahora vamos a crear un grupo. Buscamos en la parte superior izquierda donde dice Groups:

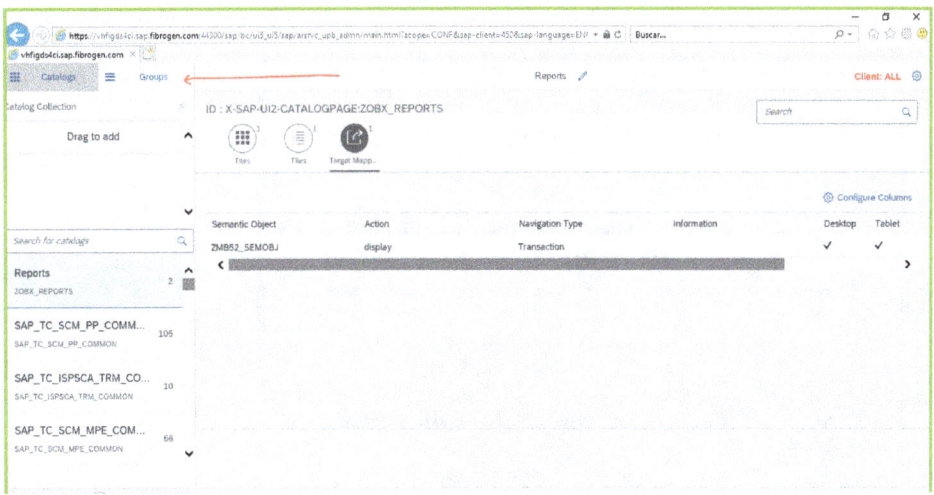

Hacemos clic en el + que aparece debajo de la página para hacer el grupo:

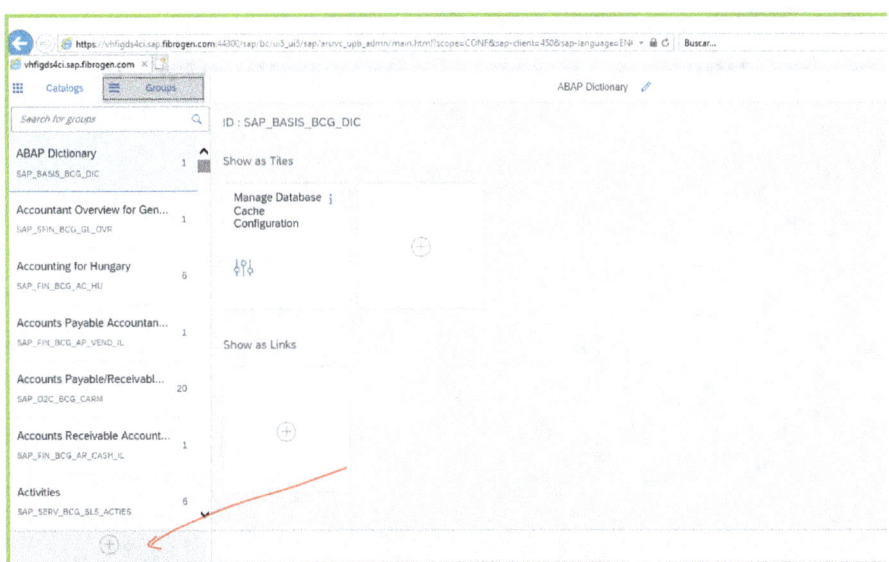

Y lo llenamos parecido a esto y hacemos clic en Save:

Title: Reports Group

ID: ZOBX_REPORTS_GROUP

Clic en Enable users to personalize their group

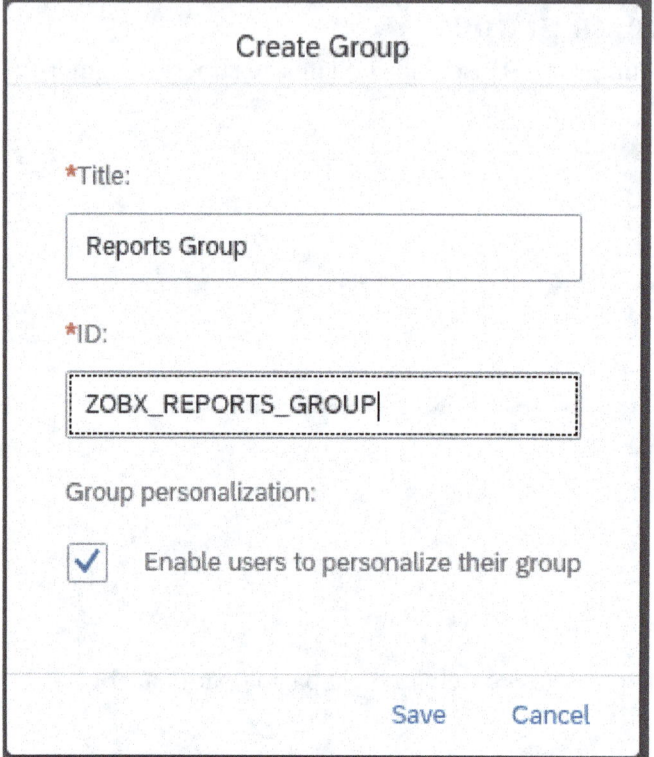

5.5 Creación del Mosaico (Tile) de nuestra app Fiori

Ahora agregamos el Tile dando clic en el +:

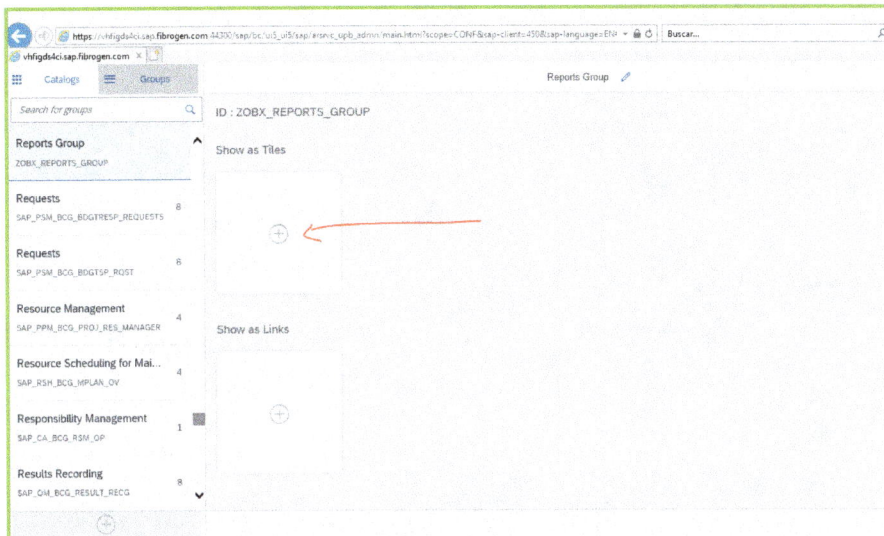

Hacemos clic en el Tile que creamos previamente y que aparece ahí:

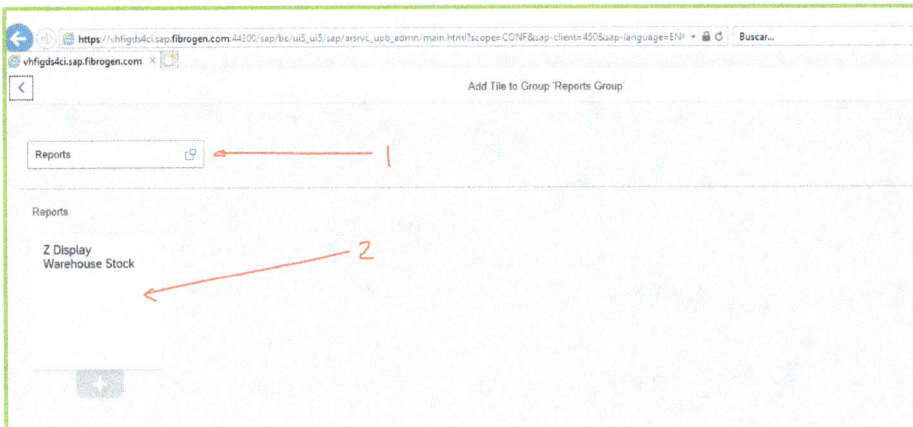

En ocasiones tenemos que buscar el grupo (1). En nuestro caso, solo hacemos clic en el Tile creado (2) haciendo clic en el +. Aparece la palomita en color verde para indicar que ya se creó. Esto a veces puede tardar mucho, así que tengan paciencia y no le piquen en otro lado hasta que aparezca en color verde.

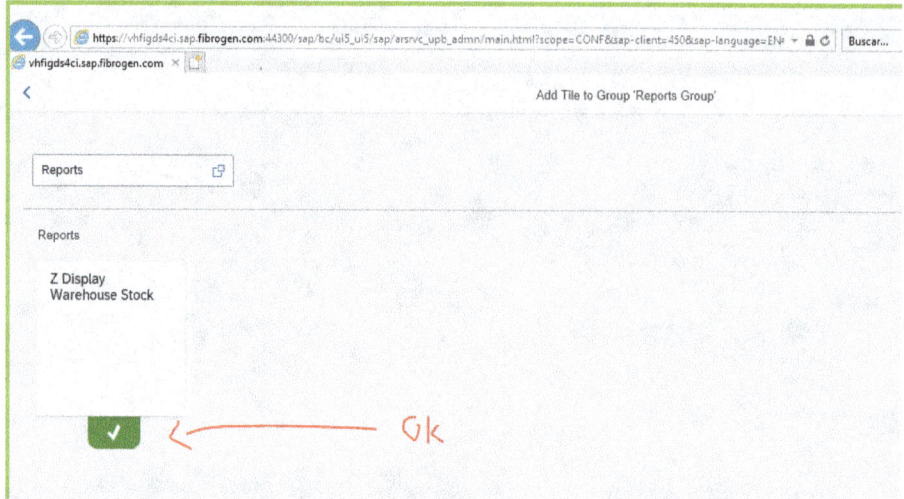

5.6 Configuración de roles

Vamos al SAP GUI a la transacción PFCG:

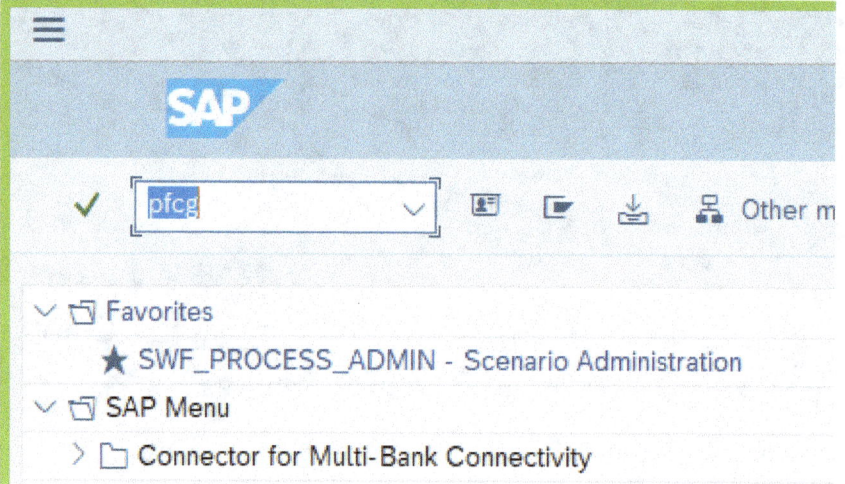

Buscamos el rol ZOBX_*:

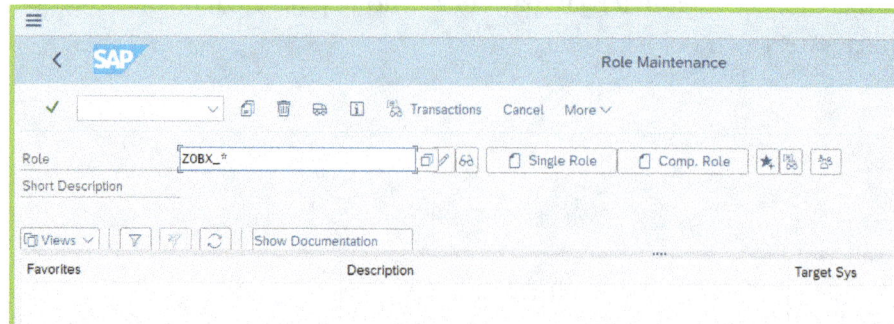

Hacemos clic en el matchcode (1) y buscamos:

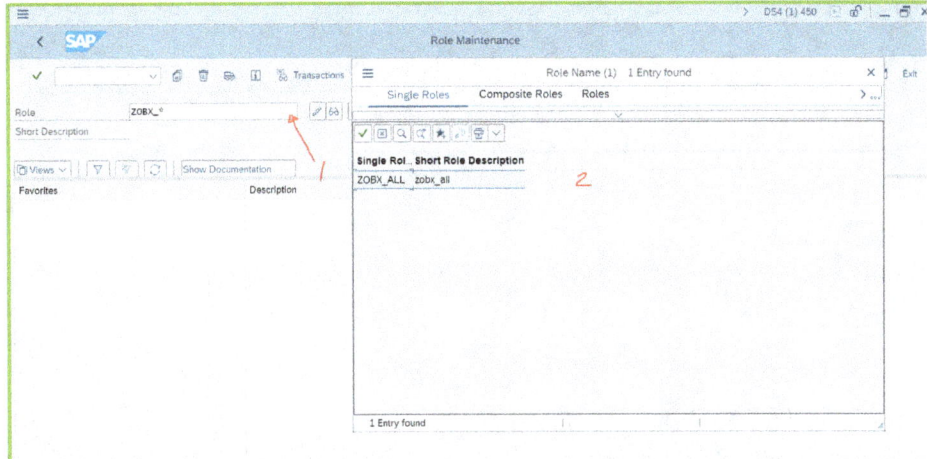

Hacemos clic en Change:

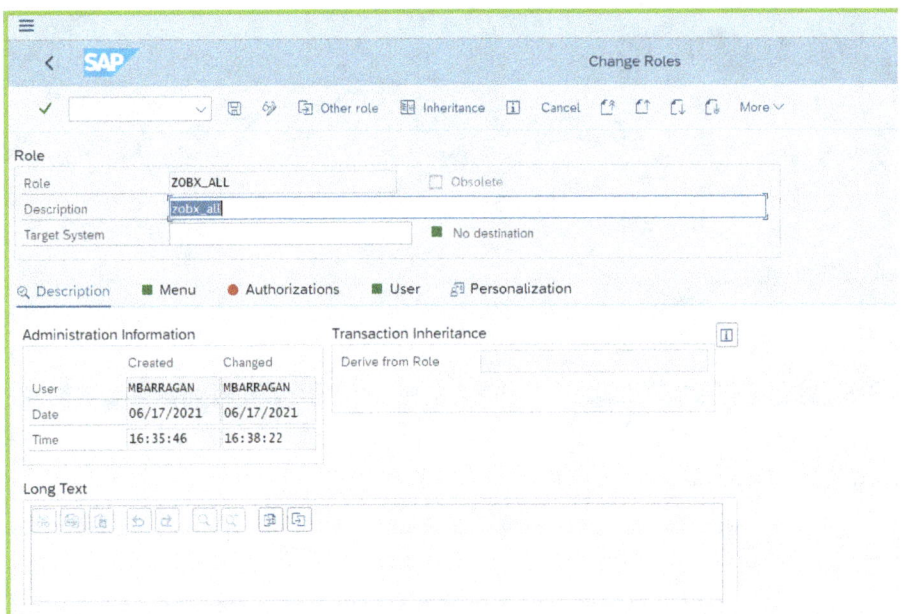

Vamos a la pestaña Menu:

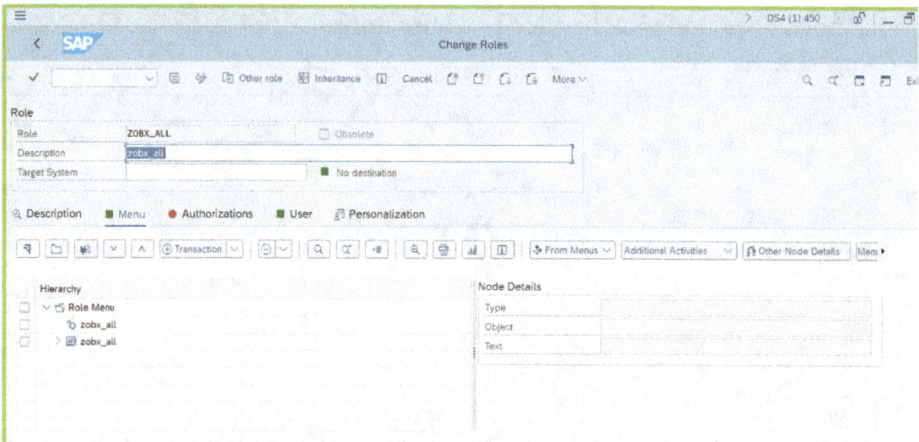

Escogemos SAP Fiori Tile Catalog:

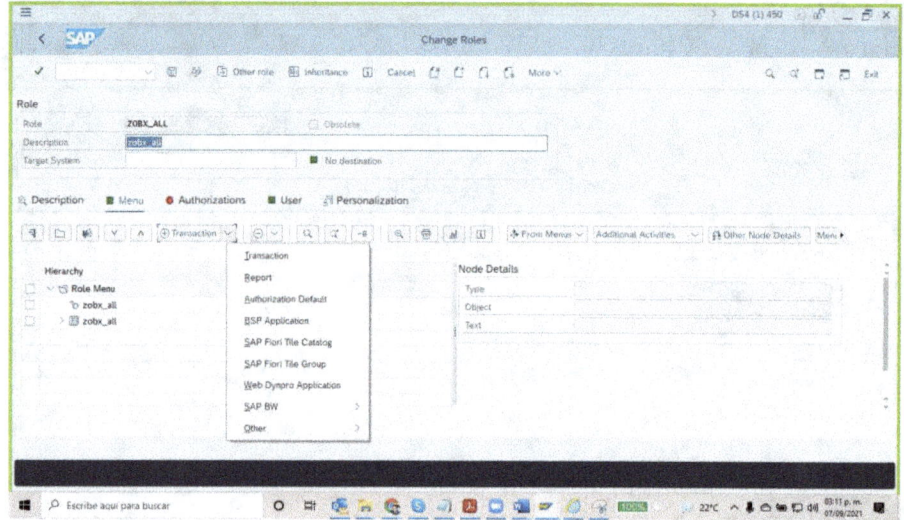

Introducimos nuestro Catalog ID:

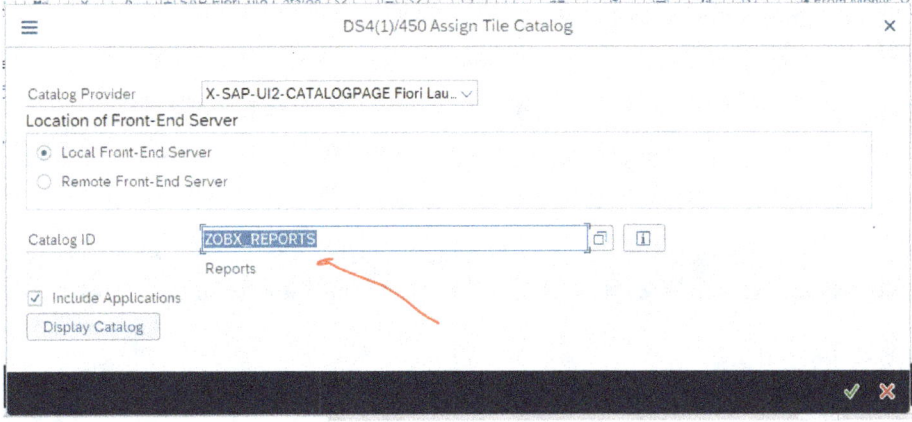

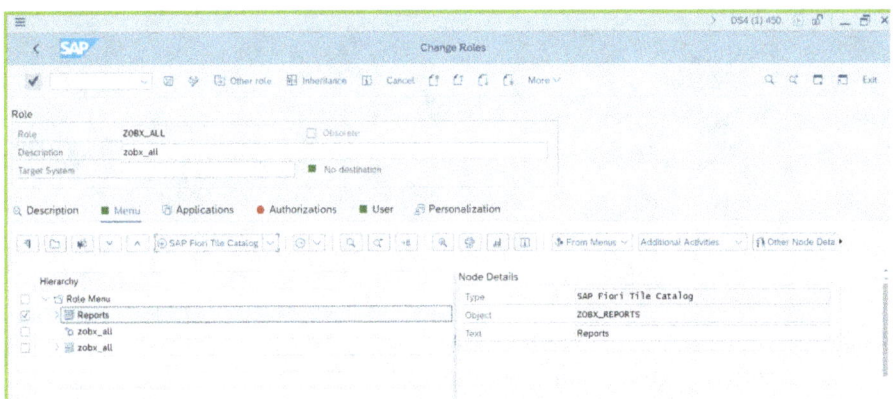

Ahora vamos a agregar el grupo en SAP Fiori Tile Group:

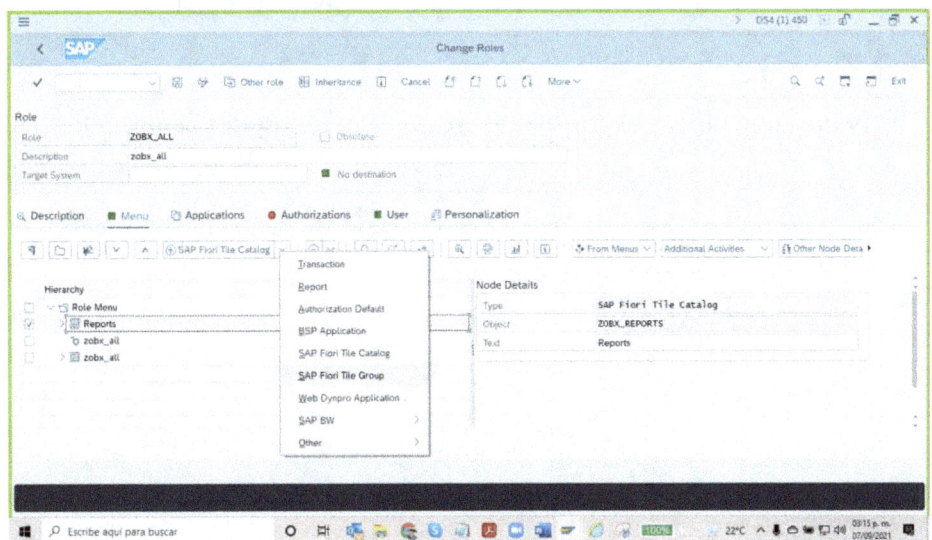

Y buscamos nuestro grupo:

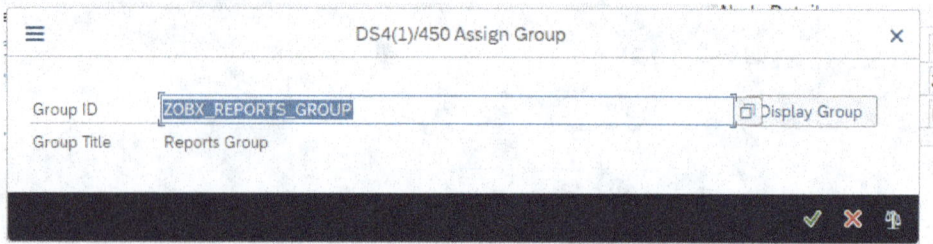

Y grabamos:

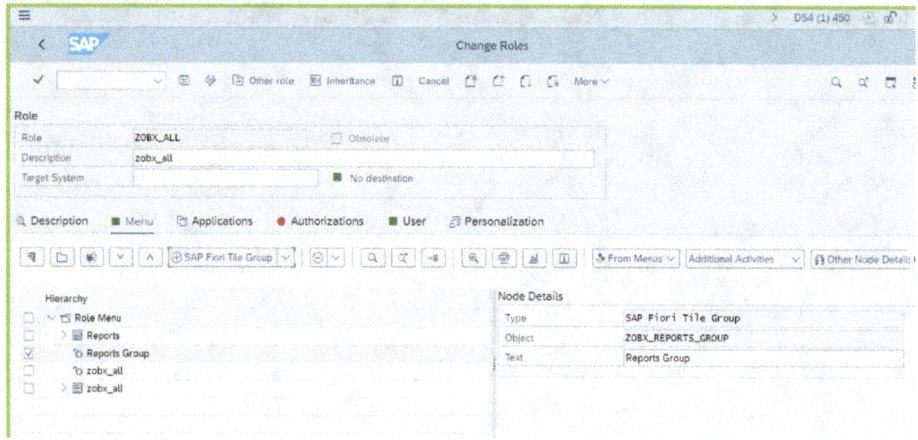

Ahora entramos a nuestro link de Fiori:

https://vhfigws1wd01.sap.acme.com:44380/sap/bc/ui2/
flp?sap-client=450&sap-language=EN#Shell-home

Tenemos que buscar el grupo que creamos (1) y después la app (2):

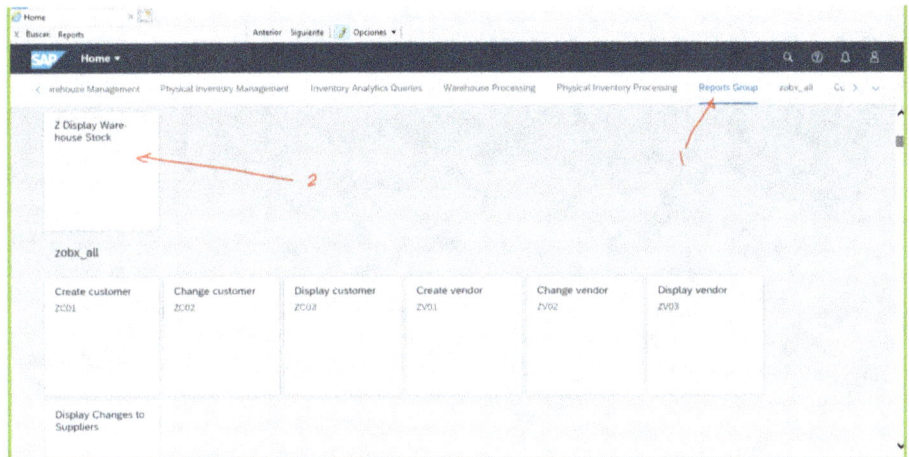

Hacemos clic en nuestra aplicación:

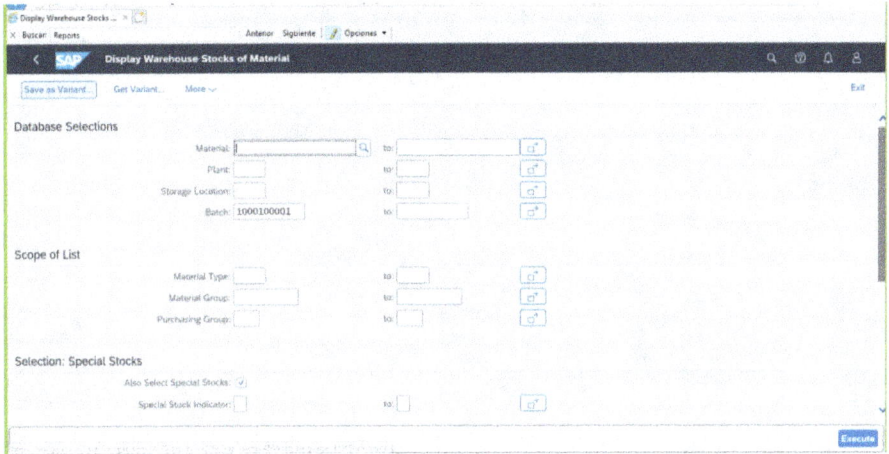

¡Y ya vemos cómo se despliega en Fiori nuestra aplicación Z! Con esto, terminamos la parte de configurar una aplicación Z en Fiori. Espero que lo hayan disfrutado tanto como yo al escribirlo.

Conclusión

Como verán, hacer la implementación de Fiori en nuestro sistema, requiere de conocimientos de áreas como BASIS, ABAP y funcionales. Sin embargo, cualquiera de las tres partes puede hacerse con solo adentrarse un poco más en alguna de las otras áreas.

Una vez más enfatizo que depende de las políticas de las compañías si les permiten realizar todas las tareas o no, pero al menos en esta guía expongo los pasos que se deben hacer para lograrlo.

Espero que esto les ayude a que puedan implementar sus propias aplicaciones, ya sea con ayuda de tu equipo o por tu propia cuenta. En los archivos que vienen en la liga de ejemplo en la memoria técnica, vienen varias de las aplicaciones Fiori más usadas por los clientes, que espero que también les sirvan para implementarlas fácilmente ya que incluyen el nombre en inglés y en español, y sobre todo, el App Id de cada una de ellas.

Con esto me despido, aprovecho para agradecer que me lean y para mandarles a todos saludos y ¡que tengan mucho éxito en sus proyectos!

Gupton Brazile

Otros títulos del autor:

Líder SAP ABAP – ¡Aprenda cómo mejorar la calidad de sus desarrollos en ABAP!

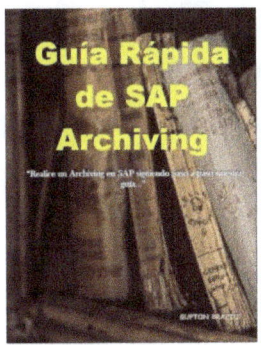 

Aprenda cómo controlar el crecimiento de su base de datos en ¡mySAP R3! Use la Guía Rápida de SAP Archiving para poner ¡manos a la obra!

Más títulos del autor se pueden encontrar en:
http://www.lulu.com/spotlight/gupton_brazile
email: Gupton.Brazile@hotmail.com
Blog: http://guptonbrazile.bltmexico.com